戸籍事務初任者のための

戸籍届書の審査の手引き

出生・認知・婚姻・離婚・縁組・離縁・死亡の届書

吉岡 誠一 著

日本加除出版株式会社

は　し　が　き

　戸籍事務は，市町村長がこれを管掌します（戸籍法1条）。管掌するとは，市町村長が自らの名で戸籍に関する事務を処理することをいいます。

　戸籍は，国民の親族的な身分関係を登録・公証することを目的としていますので，その記載は，真実の身分関係と合致していることが求められます。そのため，戸籍事務を担当する職員には，民法の親族編，戸籍法，同法施行規則などの関係法令の理解が必要です。また，窓口における届出人に対する適切な指導も大事です。戸籍事務を適正に処理するには，正確な届出が必要です。しかし，届出人のすべてが届書を正確に記載できるとは限りません。窓口での適切な指導は，正確な届書の提出につながりますので重要です。言い換えますと，戸籍事務担当者は，役場の窓口で戸籍の届書類を受け付けたときは，届書の記載と添付書類などにより，その届出が民法，戸籍法等に定められている実質的要件及び形式的要件を満たしているか否かを判断しなければなりません。

　具体的には，①届出の内容（事件の種類）は何か，②届出地に届出がされたものかどうか，③届書の様式が適当かどうか，④届書に必要な記載がされているかどうか，⑤必要な書類が添付されているかどうか，⑥届書の記載内容が民法，戸籍法等に定められている要件を具備しているかどうか，について審査しなければなりません。

　ところで，近年，社会情勢や国民の意識の変化により，民法等の見直しが行われています。

　ここ数年間を見てみても，①成年年齢の引下げ等を内容とする「民法の一部を改正する法律」（平成30年法律第59号）により，民法の定める成年年齢が20歳から18歳に引き下げられ，それに伴って，女性の婚姻開始年齢が16歳から18歳に引き上げられています。また，②令和元年の「民法等の一部を改正する法律」（令和元年法律第34号）では，特別養子制度の利用を促進し，家庭的な環境の下で養育をすることが適切な子がその必要に応じて制度を利用することができるようにするために，養子となる者の原則的な上限年齢を6歳未満から15歳未満に引き上げるとともに，養親となる者が特別養子適格の確認の審判を得てから養子となる者の試験養育を行うことができるようになり，また，一定の要件の下で実親の同意の撤回が制限され児童相談所長の手続関与が認められるなどの特別養子縁組の成立の手続を合理化する改正が行われています。さらに，③いわゆる無戸籍者の問題を解消する観点から，令和4年12月10日に国会で成立した「民法等の一部を改正する法律」（令和4年法律第102号）では，嫡出推定規定が見直され，同規定の見直しにより，女性の再婚禁止期間が廃止されています。同法では，そのほかにも，嫡出否認制度に関する規律の見直しや認知制度等についても見直しがされています。

　本書では，上記の改正法の内容を盛り込んで，実務の便宜に直ちに供することができるよう，また，新しい制度を知りたいと思っておられる一般の方にも興味を持っていただけ

るよう心がけています。

　本書の刊行に当たり，日本加除出版株式会社編集部の松原史明氏，菅本悠菜氏に大変お世話になりました。お礼を申し上げる次第です。

　令和5年8月

吉岡　誠一

目 次

_第 **2** _章 　出 生 届

第3章　認 知 届

第4章　婚　姻　届

第6章　養子縁組届

第4 **戸籍の処理** —————————————————————

第7章 養子離縁届

第1 **概説** —————————————————————————

第2 **離縁の届出・審査に必要な知識** ————————————

① **協議離縁** —————————————————————————

② **裁判による離縁** —————————————————————

第3 **養子離縁届書の審査上の留意点** ———————————

第8章　特別養子縁組届

第 1 章

届出の通則

第1 届出の一般原則

1 届出の種類

　戸籍への人の身分関係等の記載は，届出，報告，申請，請求若しくは嘱託，証書若しくは航海日誌の謄本又は裁判に基づいてされます（戸籍法15条）。なかでも，届出は，戸籍の記載原因の最も原則的・中心的なものです。

　届出には，①出生届，死亡届，裁判離婚届のような既に発生した事実又は法律関係について届け出る「報告的届出」，②婚姻届，協議離婚届又は転籍届のように届出が受理されることによって一定の身分関係が形成され又は戸籍法上の効力が発生する「創設的届出」，及び③国籍留保の旨を記載した出生届のような「報告的届出と創設的届出の双方の性質を併有するもの」の三つに区別することができます。

　報告的届出は，届出義務者と届出期間について規定があり，届出期間を経過した届出には，過料の制裁があります（戸籍法137条，138条）。一方，創設的届出については，届出期間の定めはなく，過料の制裁もありません。

　ア　報告的届出に属するものは，次のとおりです。

　　　①出生届（戸籍法49条～59条）
　　　②裁判による認知届（同法63条）
　　　③遺言による認知届（同法64条）
　　　④認知された胎児の死産届（同法65条）
　　　⑤特別養子縁組届（同法68条の2）
　　　⑥縁組取消届（同法69条）
　　　⑦裁判による離縁届（同法73条）
　　　⑧特別養子離縁届（同法73条）
　　　⑨離縁取消届（同法73条）
　　　⑩婚姻取消届（同法75条）
　　　⑪裁判による離婚届（同法77条）
　　　⑫離婚取消届（同法77条）
　　　⑬裁判による親権者指定届（同法79条）
　　　⑭親権者変更届（同法79条）
　　　⑮親権（管理権）喪失届（同法79条）

⑯親権喪失，親権停止又は管理権の喪失宣告取消届（同法79条）

⑰未成年者の後見開始届（同法81条）

⑱未成年後見人更迭届（同法82条）

⑲未成年者の後見終了届（同法84条）（未成年後見監督人についても同様，同法85条）

⑳死亡届（同法86条〜93条）

㉑失踪宣告届（同法94条）

㉒失踪宣告取消届（同法94条）

㉓推定相続人廃除届（同法97条）

㉔推定相続人廃除取消届（同法97条）

㉕国籍取得届（同法102条）

㉖帰化届（同法102条の2）

㉗国籍喪失届（同法103条）

㉘外国国籍喪失届（同法106条）

㉙就籍届（同法110条）

㉚本籍文明届（同法26条）

イ　創設的届出に属するものは，次のとおりです。

①任意認知届（戸籍法60条〜62条）

②養子縁組届（同法66条，68条）

③協議離縁届（同法70条，71条）

④死亡養親又は死亡養子との離縁届（同法72条）

⑤離縁の際に称していた氏を称する届（同法73条の2）

⑥婚姻届（同法74条）

⑦協議離婚届（同法76条）

⑧離婚の際に称していた氏を称する届（同法77条の2）

⑨協議による親権者指定届（同法78条）

⑩親権（管理権）辞任届（同法80条）

⑪親権（管理権）回復届（同法80条）

⑫生存配偶者の復氏届（同法95条）

⑬姻族関係終了届（同法96条）

⑭入籍届（同法98条，99条）

⑮分籍届（同法100条）

⑯国籍留保届（同法104条）

⑰国籍選択届（同法104条の2）

　　　　⑱氏の変更届（同法 107 条）
　　　　⑲名の変更届（同法 107 条の 2）
　　　　⑳転籍届（同法 108 条，109 条）

　　ウ　報告的届出及び創設的届出の性質を併せ持っている届出

　　　　①国籍留保の旨を記載した出生届
　　　　②戸籍法 62 条の認知の届出の効力を有する嫡出子出生届
　　　　③裁判上の離婚（又は離縁）届において復氏者につき新本籍を定める場合
　　　　　の届出

2　届出をすべき者

　　届出をすべき者，すなわち届出人については，民法及び戸籍法において規定していますが，この適格性の有無については，市町村長が届出の受理に当たって審査すべき重要な事項です。

(1)　報告的届出

　　報告的届出については，誰が届出義務者であるかということは，戸籍法において定められています。したがって，窓口に報告的届出がされた場合には，届出人につき，戸籍法上の届出義務を有する者であるか否かを審査し，受否を決定しなければなりません。仮に，その届出が届出義務者でない者からされたものであるときは，原則として受理すべきでないということになります。また，報告的届出において，戸籍法上届出義務者とはされないが，ある特定の届出について，届出の資格が認められている者がいます。例えば，出生届においては，嫡出子の出生届の届出義務者は，父又は母とされ，子の出生前に父母が離婚をした場合には，母とされています（戸籍法 52 条 1 項）。また，嫡出でない子の出生届の届出義務者は母とされています（同条 2 項）。そして，届出義務者とされる父又は母が届出をすることができない場合には，父又は母以外の法定代理人も届出をすることができるとされています（同条 4 項）。

(2)　創設的届出

　　創設的届出については，当該届出の身分行為が民法の定めるものであるときは，民法においてその行為の当事者として定められている者が届出人となります。例えば，養子縁組についてみてみますと，民法 799 条，739 条及び戸籍法 66 条の規定から，届出人は縁組当事者である養親及び養子ということになります。ただし，養子となる者が 15 歳未満の場合には，縁組の代諾をする者が届出人となります（民法 797 条，戸籍法 68 条）。

また，分籍などの戸籍法上の行為については，戸籍法に定められた者が届出をすることになります。すなわち，分籍の届出については，戸籍法 100 条の規定から分籍者本人ということになります。なお，分籍をすることができるのは，成年に達している者ということになります（同法 21 条 1 項）。

3　届出能力

届出能力とは，自ら単独で届出をするのに必要な行為能力をいうと解されています。戸籍の届出に関しては，意思能力のない者は報告的届出，創設的届出のいずれの届出についても届出能力を有しないとされています。

(1) 報告的届出

報告的届出については，届出をすべき者が未成年者又は成年被後見人である場合には，その親権を行う者又は成年後見人が届出義務者となります（戸籍法 31 条 1 項本文）が，未成年者又は成年被後見人が意思能力を有するときは自らが届出をしても差し支えないものとされています（同項ただし書）。

親権を行う者又は後見人が届出をする場合には，届書に，①届出をすべき者の氏名，出生の年月日及び本籍を記載し，②行為能力の制限の原因（届出をすべき者が，未成年者又は成年被後見人に当たること）を記載し，③届出人が親権を行う者又は後見人である旨を記載しなければなりません（同条 2 項）。

(2) 創設的届出

創設的届出は，その性質上，他人がこれを代理することができないものです。例えば，婚姻，協議離婚，縁組，協議離縁等の身分法上の行為については，未成年者又は成年被後見人であっても意思能力のある者は，法定代理人の同意を得ないで本人自身が届出なければならないとされています。すなわち，成年被後見人であっても，本人が，婚姻がいかなるものであるかを判断する能力を回復しておれば後見人の同意を要せず，成年被後見人自身が届出することができるとされています。（民法 738 条，戸籍法 32 条）。そして，この民法 738 条の規定を民法 764 条で協議上の離婚に，同法 799 条で縁組に，また，同法 812 条で協議上の離縁にそれぞれ準用されています。

ただし，その例外として，縁組，協議上の離縁又は民法 791 条による改氏については，養子又は子が 15 歳未満のときは，その届出能力は否定され，法定代理人が本人に代わって届出をすべきものとされています（民法 797 条，811 条 2 項，791 条 3 項）。

4　届出地

(1) 一般原則

戸籍法 25 条は，届出は，届出事件の本人の本籍地又は届出人の所在地でしなけ

ればならないと規定して，届出地の原則を定めています。この場合の「届出事件の本人」とは，出生の届出であれば，生まれた子であり，死亡の届出であれば死亡した者が事件本人ということになります。また，婚姻の届出の場合には，事件本人は夫及び妻であり，養子縁組の届出であれば養親及び養子ということになります。

　次に，「事件本人の本籍地」ですが，事件本人の本籍地とは，届出をするときの事件本人の本籍地をいいます。出生の届出であれば，出生した子が入るべき戸籍のある市町村が，死亡の届出であれば，死亡当時の死亡者が在籍した戸籍のある市町村がこれに当たります。なお，婚姻とか縁組のように事件本人が二人以上ある場合には，全ての事件本人の本籍地がこれに当たります。また，当該届出によって事件本人の本籍地が一の市町村から他の市町村に転属する場合には，事件本人の本籍地は，届出当時の本籍地（除籍地）であって，入籍地はこれに当たらないとされています（昭和 11・9・8 民事甲 1064 号回答）。

　「届出人の所在地」とは，届出人の届出当時の住所地であるのが通常ですが，これに限られず居所や一時的滞在地も含まれるものと解されています（明治 32・11・5 民刑 1986 号回答）。

(2)　届出地の特例

　ア　原則的な届出地に付加して届出地が定められているもの

　　　出生，死亡，分籍，転籍，就籍の各届は，出生地，死亡地，分籍地，転籍地，就籍地でもすることができます（戸籍法 51 条，88 条，101 条，109 条，112 条）。

　イ　特別の届出地が定められているもの

　　　戸籍法は，以下に掲げる特定の届出については，原則的届出地に関する規定を適用しないで，特別の届出地を定めています。

　　　①胎児認知届は，母の本籍地（戸籍法 61 条）
　　　②認知した胎児の死産届は，認知届をした地（戸籍法 65 条）
　　　③水難，火災その他の事変による死亡報告又は死亡者の本籍が明らかでない場合や死亡者を認識することができない場合の死亡報告は，死亡地（戸籍法 89 条，92 条 1 項）

　ウ　外国に在る日本人に関するもの

　　　①本籍地のほかに，その国に駐在する大使，公使，領事にも届出ができます（戸籍法 40 条）。
　　　②外国の方式により届出事件に関する証書を作らせた場合の証書の謄本の提出も同様です（戸籍法 41 条）。

エ　日本に在る外国人に関するもの

原則として，届出人の所在地でなければなりません（戸籍法25条2項）。

5　届出期間

戸籍法は，出生，死亡，裁判上の離婚又は離縁等既に発生した事実又は法律関係についての届出である報告的届出については，速やかに戸籍に記載して公示する必要があることから，一定の期間内に届出義務者に対し届出をすべきことを義務付けています（戸籍法49条，63条，73条，77条，86条）。

例を挙げれば，出生の届出は，14日以内（国外で出生があったときは3か月以内）にしなければならず（戸籍法49条1項），死亡の届出は，届出義務者が，死亡の事実を知った日から7日以内（国外で死亡があったときは，その事実を知った日から3か月以内）にしなければならないとされています（同法86条1項）。

一方，創設的届出については，届出をするか否かは当事者の任意に委ねられていますから，届出期間の定めはありません。ただし，戸籍法73条の2の届出（縁氏続称の届出），同法77条の2の届出（婚氏続称の届出）及び外国人との婚姻又は婚姻の解消による氏の変更届（戸籍法107条2項・3項）については，届出期間が定められています。この期間内に届出をしない者は，その法的利益を失うことになります。

なお，上記のうち縁氏続称の届出及び婚氏続称の届出の期間は，離縁又は離婚の日から3か月間とされています（民法816条2項，767条2項）。この3か月の期間の計算方法については，その期間が民法が定めるものであることから，戸籍法上の報告的届出の届出期間の起算日を定める戸籍法43条の規定の適用はなく，民法上の期間計算の原則に従い，離縁又は離婚の日の翌日から起算することになります（民法140条）。その満了日は，暦に従って計算することになります（同法143条）。

また，外国人との婚姻又は婚姻の解消による氏変更の届出は，その婚姻の日から6か月以内又はその婚姻の解消の日から3か月以内にすべきものとされていますが（戸籍法107条2項・3項），これらは戸籍法上の届出ですから，戸籍法43条の規定が適用されて，初日が算入されることになります。

6　届出期間の計算方法

(1)　届出期間の起算日

既に述べましたが，報告的届出の期間の計算については，初日を算入することとされています。すなわち，民法140条の期間の計算法に関する原則によれば，期間の初日は算入しないこととされていますが，戸籍法上の届出期間の計算については，同法43条1項の規定により，初日を算入すべきものとされ，届出事件発生の日から起算するものとされています（戸籍法43条1項）。

例えば，戸籍法49条は，「出生の届出は，14日以内（国外で出生があったとき

は 3 箇月以内）にこれをしなければならない。」と規定して，起算日について規定していないものがありますが，戸籍法は，届出事件発生の日から起算するとしていますので（戸籍法 43 条），出生の日から起算することになります。また，戸籍法 63 条 1 項は，「認知の裁判が確定したときは，訴えを提起した者は，裁判が確定した日から 10 日以内に，裁判の謄本を添付して，その旨を届け出なければならない。」と規定して，裁判が確定した日から期間を起算すべきものとしていますが，裁判が送達又は交付前に確定したときは，その送達又は交付の日からこれを起算することとしています（同法 43 条 2 項）。

(2)　届出期間の満了日

　　届出期間の起算日については，(1)で述べたとおり戸籍法に規定が設けられていますが，その満了に関しては戸籍法に別段の規定はありませんので，届出期間の計算方法については，民法の規定が適用されると解されています。

　　民法の規定に従えば，届出期間は，その末日の終了をもって満了します（民法 141 条）。ただし，期間の末日が日曜日，国民の祝日に関する法律に規定する休日その他の休日に当たるときは，その届出期間は，その翌日に満了します（同法 142 条）。

　　なお，期間を定めるのに週，又は年をもってしたときは，その期間は，暦に従って計算するとされ（民法 143 条 1 項），週，月又は年の初めから期間を計算しないときは，その期間は，最後の週，月又は年においてその起算日に応当する日の前日に満了するとされています。ただし，月又は年によって期間を定めた場合において，最後の月に応当する日がないときは，その月の末日に満了するとされています（同条 2 項）。

第2　届出の方法

　戸籍法 27 条は，「届出は，書面又は口頭でこれをすることができる。」と規定しています。したがって，届出は，報告的届出であると創設的届出であるとを問わず，書面又は口頭のいずれの方法でもすることができます。

 書面による届出

　ア　法定様式

　　戸籍法 28 条 1 項は，「法務大臣は，事件の種類によって，届書の様式を定めることができる。」と規定しています。この規定を受けて，戸籍法施行規則 59 条は，出生，婚姻，離婚及び死亡の 4 届書について様式を定めています。そして，これらの届出は，やむを得ない事由によってこの様式によって届出をすることができ

ないときを除き，当該様式によって届け出なければならないとされています（戸籍法 28 条 2 項）。この様式に反する届出があったときは受理すべきでないと解されています。

イ　標準様式

アで述べた法定様式の届書（出生，婚姻，離婚及び死亡の届書）以外の届書については，届出人が任意の様式により作成して届け出て差し支えない取扱いですが，それでは届出人にとって不便ですし，市町村の窓口での事務処理も能率的ではないことになります。

そこで，法務省民事局長通達でそのほとんどの届書について標準様式が示されています（昭和 59・11・1 民二 5502 号通達，標準様式の全部改正・令和 3・8・27 民一 1622 号通達）。ただし，標準様式によらない届書による届出であっても法定の要件を具備する限り受理を拒むことはできないと解されています。

② 口頭による届出

戸籍の届出は，書面によるほか，口頭によってもすることができます（戸籍法 27 条）。口頭によって届出をする場合は，届出人が市町村役場に出頭して，届書に記載すべき事項を陳述しなければなりません（同法 37 条 1 項）。市町村長は，届出人が陳述した事項を届書に筆記するとともに，届出の年月日を記載して，これを届出人に読み聞かせ，かつ，届出人にその書面に署名させなければならないとされています（同条 2 項）。

届出人が疾病その他の事故で市町村役場に出頭することができないときは，代理人によって口頭の届出をすることができます（戸籍法 37 条 3 項）。ただし，創設的届出のうち認知（胎児認知を含む），縁組，協議上の離縁（縁組当事者の一方死亡後の離縁を含む），婚姻，協議上の離婚については，代理人による口頭の届出は認められていません（同項ただし書）。

この市町村長が届出人の陳述を筆記した届書は，一般の届書と同様に取り扱われます（戸籍法 39 条）。したがって，記載事項についてはもちろん，様式，添付書類，追完，謄抄本等全て一般の届書と同様に取り扱われることになります（木村三男・神崎輝明『全訂　戸籍届書の審査と受理』（日本加除出版，2019 年）100 頁）。

第3 届書の記載事項

届書の記載事項については，戸籍法は各届出事件ごとに各則において必要な記載事項を定めています。また，戸籍法は，29 条，30 条，31 条，33 条において各事件に共通する一般的な記載事項を定めています。その記載事項は，次のとおりです。

(1) 届出事件名（戸籍法 29 条 1 号）

　出生届，死亡届，婚姻届，離婚届などのように，件名を記載します。これは，その届出がいかなる届出であるかを明瞭にするための標題です。

(2) 届出の年月日（戸籍法 29 条 2 号）

　届書を市町村に提出する日です。この年月日は，届書を市町村の窓口に現実に提出した年月日と一致していることが必要です。

(3) 届出人の出生の年月日，住所及び戸籍の表示（戸籍法 29 条 3 号）

　これらの記載は，届出人を特定し，その同一性を明らかにするとともに，出生の年月日は届出人の届出能力の判定，また，住所は届出地の決定等のために必要なものであるとされます（木村三男・神崎輝明『全訂　戸籍届書の審査と受理』（日本加除出版，2019 年）66 頁）。

　なお，届書に記載する届出人の住所は，住民票に記載されている住所を記載すべきものとされています。また，一時的な滞在地での届出の場合には，当該届出の受理市町村と届出人の地縁的な関係とを明らかにしておく意味から，その届書には住所のほかに所在をも「その他」欄等に付記した上で受理するのが望ましいとされています（前掲書 67 頁）。

(4) 届出人と届出事件の本人と異なるときは，届出事件の本人の氏名，出生の年月日，住所，戸籍の表示及び届出人の資格（戸籍法 29 条 4 号）

　届出人の資格，氏名は，戸籍の記載事項とされています。戸籍届書の受否の審査上，当該届書が適法に届出をなし得る資格を有する者からなされたか否か判定するうえにおいて，これを届書の上で明らかにする必要があります。そこで，届出人と届出事件の本人が異なるときは，その関係を届書上明らかにするため，この記載をすべきものとしています（前掲書 67 頁）。

　届出人の資格とは，出生届であれば，父，母，同居者，医師，助産師，その他の立会者，父・母以外の法定代理人（戸籍法 52 条）をいいます。

(5) 届出事件によって，入籍又は除籍される場合における戸籍の表示

　　ア　届出事件によって，届出人又は届出事件の本人が新戸籍の編製，入籍，除籍等を行う場合

　　届出事件によって，

　　　　①届出人又は届出事件の本人が他の戸籍に入るべきときは，その戸籍の表示を届書に記載しなければなりません。

　　　　②届出人又は届出事件の本人が，従前の戸籍から除かれるときは，従前の戸籍の表示を届書に記載しなければなりません。

　　　　③届出人又は届出事件の本人について新戸籍を編製すべきときは，その旨，新戸籍編製の原因及び新本籍を，届書に記載しなければなりません（戸

籍法30条1項)。

　戸籍の記載については，入籍，又は除籍する前後の戸籍に相互のつながりをもたせ，戸籍としての機能が十分に発揮できるようにするため，入籍する戸籍には従前の戸籍の表示が，また，除籍される戸籍には入籍先の戸籍の表示がそれぞれ記載されることになっています。このため，その戸籍記載の原因となるべき届書において，入籍又は除籍する戸籍の表示，新戸籍編製の原因，新本籍の場所等を明らかにしてもらう必要があります。

　届出人又は届出事件の本人が他の戸籍に入るべきときとしては，縁組，婚姻，入籍届などのように，届出人自身が事件本人であって自ら他の戸籍に入る場合と，出生，裁判上の離婚等の届出のように，届出人ではない届出事件の本人が他の戸籍に入る場合とがあります。

イ　届出事件によって，届出人若しくは届出事件の本人でない者が他の戸籍に入り，又はその者について，新戸籍を編製すべき場合

　この場合には，届書にその者の氏名，出生の年月日及び住所を記載するほか，その者が他の戸籍に入るか又はその者について新戸籍を編製するかの区別に従って前記アに掲げる事項と同様の事項を記載しなければなりません(戸籍法30条2項)。

　届出人若しくは届出事件の本人でない者について新戸籍を編製すべきときの例としては，戸籍の筆頭者及びその配偶者でない母について，子の出生届により同氏の子を有するに至った場合に，その出生届が母以外の届出義務者(例えば助産師)からされたときを挙げることができます。このような新戸籍を編製すべき場合には，届書に，新戸籍が編製される者の氏名，出生の年月日及び住所を記載し，新戸籍を編製する旨，その原因及び新戸籍を，届書に記載しなければなりません。

(6)　親権を行う者又は後見人がする報告的届出の場合

　この場合には，届書に，①届出をすべき者の氏名，出生の年月日及び本籍，②行為能力の制限の原因，③届出人が親権を行う者又は後見人である旨を記載しなければなりません(戸籍法31条2項)。

(7)　証人を必要とする届出の場合

　証人を必要とする届出事件については，届書に証人の出生年月日，住所及び本籍を記載して署名しなければなりません(戸籍法33条)。

　民法は，婚姻，協議上の離婚，養子縁組及び協議上の離縁の各届出については，当事者双方及び成年の証人2人以上の署名を必要とするとしています(民法739条2項，764条，799条，812条)。

　この証人制度は，婚姻等の身分行為の当事者間にその行為をするについて任意の合意が成立したことを，第三者をして証明させる制度であるとされています。

(8)　届書に記載すべき事項であって，不存在のもの又は不分明のものがある場合

　　届書に記載すべき事項であって，存しないもの又は知れないものがあるときは，その旨を記載しなければならないとされています（戸籍法 34 条 1 項）。

　　届書に記載すべき事項の中で不存在又は不分明のものとは，本籍を記載すべき場合において，本籍がないか又は明らかでない場合，父母を記載すべき場合において，父母が明らかでない場合，出生届をする際に生まれた子の名が未定であって，これを記載できない場合等が該当すると解されています。例えば，名がまだ定まっていない子について出生届をする場合には，届書の「その他」欄に「命名前につき子の名未定」と記載することになります。このような場合に届書にその旨を記載させるのは，本来記載すべき事項を誤って遺漏したものでないことを明らかにするためであるとされます。

(9)　戸籍法，同法施行規則で定める事項のほかに，戸籍に記載すべき事項を明らかにするために必要であるとされるものがある場合

　　届書には，戸籍法，戸籍法施行規則で定める事項のほか，戸籍に記載すべき事項を明らかにするために必要であるものは，これを記載しなければならないとされています（戸籍法 35 条）。これに該当するものとは，例えば，新戸籍又は入籍する戸籍に従前の戸籍から移記を要するとされている重要な身分事項（戸籍法施行規則 39 条）であるとか，父母の婚姻よる準正子の身分変更に関する事項があるとされています。

第 4　届書に添付すべき書類

　添付書類を必要とする届出について，その添付のないものは受理すべきではありません。また，市町村長は，添付書類を必要とする届出を受理するに当たっては，その届出事項が添付書類の記載内容と一致するか否かを審査し，受否を決定すべきです。

❶　父母その他の者の同意又は承諾を必要とするもの（戸籍法 38 条 1 項）

　戸籍法 38 条 1 項は，「届出事件について父母その他の者の同意又は承諾を必要とするときは，届書にその同意又は承諾を証する書面を添付しなければならない。ただし，同意又は承諾をした者に，届書にその旨を付記させて，署名させるだけで足りる。」と規定しています。

　届出事件について父母その他の者の同意又は承諾を必要とするときに該当するものとしては次のようなものがあります。

(1)　未成年者の婚姻についての父母の同意（改正前民法 737 条）

　　本条は，平成 30 年法律第 59 号により，成年年齢が 18 歳に引き下げられ（民法

4条），かつ，婚姻開始年齢が男女共に18歳に統一されて（同法731条），未成年者の婚姻が存在しなくなったことから，未成年者の婚姻についての父母の同意を要する旨を定めた民法737条は削除されました。なお改正法は，令和4年4月1日から施行されています。

(2) 成年の子を認知する場合における成年の子（被認知者）の承諾（民法782条）

　　民法782条は，成年に達した子を認知する場合，子の承諾が必要であると規定しています。この場合には，認知の届出に際し，成年の子の承諾を証する書面を添付するか，又は成年の子が，届書に承諾した旨を付記し，署名することが必要です（戸籍法38条1項）。

(3) 胎児認知における母の承諾（民法783条1項）

　　父は胎児を認知することもできますが，この場合には，母の利害や名誉を守るとともに，認知の真実性を確保するため，母の承諾を得ることを要するとされています（民法783条1項）。届書には母の承諾を証する書面の添付，又は母による承諾の旨の付記，署名が必要です（戸籍法38条1項）。

(4) 死亡した子を認知する場合における死亡した子の成年の直系卑属の承諾（民法783条2項）

　　子が死亡した後には，その子に直系卑属があるときに限って認知をすることができます（民法783条2項前段）。この場合に，直系卑属が成年者であるときは，その承諾を得なければならないとされています（同項後段）。なお，数人の成年者たる直系卑属があり，承諾した者と承諾しない者とがあるときは，前者についてだけ認知の効果を生じます（昭和38・3・30民事甲918号回答）。

(5) 配偶者のある者が単独で縁組をする場合におけるその配偶者の同意（民法796条）

　　配偶者のある者が成年者を養子とする場合及び配偶者のある者が養子となる場合には，夫婦の一方だけが単独で縁組をすることができますが，この場合には，原則としてその他方の同意を得なければならないとされています（民法796条）。配偶者の同意は，届書に配偶者の同意を証する書面を添付するか，配偶者が届書に同意する旨を付記し，署名する必要があります（戸籍法38条1項）。

(6) 15歳未満の者を養子とする縁組における法定代理人の承諾及び養子となる者の監護者等の同意

　　15歳未満の子が養子となる場合において，その法定代理人が縁組の代諾をすることができるとされていますが，この場合には，養子となる者を監護すべき父母が他に在るときはその者の同意，また，養子となる者に親権を停止されている父母がある場合にはその父母の同意を得なければならないとされています（民法797条2項）。

　　監護者の同意は，届書に監護者の同意を証する書面を添付するか，監護者が届書

に同意する旨を付記し，署名しなければならないとされています。親権を停止された者の同意についても同様です。

2 裁判又は官庁の許可書の謄本の添付を必要とするもの（戸籍法38条2項）

　戸籍法38条2項は，「届出事件について裁判又は官庁の許可を必要とするときは，届書に裁判又は許可書の謄本を添付しなければならない。」と規定しています。

　届出事件の中には，届出の前提要件として，あらかじめ裁判（家庭裁判所の審判）を必要とするものが少なくありません。家庭裁判所の許可の審判を必要とする創設的届出を挙げると次のようなものがあります。

(1) 創設的届出について，家庭裁判所の許可の裁判を要する場合

　ア　子の父又は母の氏への改氏（民法791条1項・3項）

　　　父又は母と氏を異にする子は，家庭裁判所の許可を得て，その父又は母の氏を称することができますが，家庭裁判所の許可を得ただけでは子の氏の変更の効力は生じませんので，家庭裁判所の許可を得た後，戸籍法上の届出により，その父又は母の氏を称することができます。添付書類は，氏変更の許可の審判書の謄本及び確定証明書です。

　イ　後見人が被後見人（未成年被後見人及び成年被後見人）を養子とする縁組（民法794条）

　　　後見人が被後見人（未成年被後見人及び成年被後見人）を養子とするには，家庭裁判所の許可に加えて届出が必要であり，届書に縁組許可の審判書謄本を添付しなければなりません（戸籍法38条2項）。

　ウ　未成年者を養子とする縁組（民法798条）

　　　未成年者を養子とするには，自己又は配偶者の直系卑属を養子とする場合を除き，家庭裁判所の許可を得なければならないとされています。この家庭裁判所の許可は縁組の一つの要件であって，縁組許可の審判があってもそれによって縁組が成立するというものではなく，戸籍法上の養子縁組の届出をすることによってその効力が生じます（民法799条，739条）。縁組の届出は，家庭裁判所の縁組許可の審判書謄本を添付しなければなりません（戸籍法38条2項）。

　エ　縁組の当事者の一方が死亡した後に生存当事者がする離縁（民法811条6項）

　　　縁組当事者の一方が死亡した場合，生存当事者は，家庭裁判所の許可を得て離縁をすることができます（民法811条6項）。この離縁も届出によって効力を生ずるものであり，成年の証人2人以上の署名と，家庭裁判所の離縁許可の審判書謄本の添付を要します（戸籍法38条2項）。

　オ　親権又は管理権の辞任及び回復（民法837条）

　　　親権を行う父又は母は，やむを得ない事由があるときは，家庭裁判所の許可を得て，親権又は管理権を辞することができます（民法837条1項）。親権又は管

埋権を辞任しようとする者は，家庭裁判所の許可の審判書謄本を添付して届け出ることにより，親権又は管理権を辞する効力が生じます（戸籍法80条，38条2項）。親権又は管理権を辞任した後，これを回復するときも，回復に関する家庭裁判所の許可の審判書謄本を添付して届け出ることによって，その効力を生じます（民法837条2項）。

　カ　氏又は名の変更（戸籍法107条1項・4項，107条の2）

　　やむを得ない事由があるときは，氏を変更することについて，家庭裁判所に許可の審判を申し立てることができます（戸籍法107条1項）。氏の変更は，家庭裁判所の許可によって効力を生ずるのではなく，許可を得て，市町村長に届け出ることによって効力を生じます。氏変更の届出は創設的届出です。届出地は，届出人の本籍地又は所在地であり（同法25条），添付書類は，氏変更の許可の審判書の謄本及び確定証明書です（同法38条2項）。

　　また，戸籍の筆頭に記載した者又はその配偶者以外の者で父又は母を外国人とする者が，その氏を外国人である父又は母の称している氏に変更しようとする場合には，家庭裁判所の許可を得て外国人父母の氏への変更の届出により氏を変更することができます（戸籍法107条4項）。氏変更の効果は，家庭裁判所の審判が確定したときに生ずるものではなく，市町村長に届出をすることによって生じるものであり，この届出は創設的届出です。届出地は届出人の本籍地又は所在地であり（同法25条），添付書類は，氏の変更の許可の審判書の謄本及び確定証明書です（同法38条2項）。

　　正当な事由によって名を変更しようとするときは，家庭裁判所の許可を得た上，届け出ることによって，これをすることができます（戸籍法107条の2）。添付書類は，審判書の謄本（同法38条2項）であり，確定証明書は不要です。

(2)　報告的届出について，戸籍法上その裁判の謄本を添付しなければならないとされているもの

　　上記(1)のほかに，裁判上の認知，離縁，離婚は，審判又は判決の確定によってその効力を生じます。訴えを提起した者は，裁判が確定した日から10日以内に，裁判の謄本を添付してその旨を届出なければならないとされています（戸籍法63条，73条，77条）。その届出は，報告的届出です。

(3)　官庁の許可書の謄本の添付を必要とするもの

　　児童福祉施設に入所中又は里親等に委託中の児童に親権を行う者又は未成年後見人がない場合には，児童福祉施設の長又は児童相談所長が法定代理人になります。これらの者が縁組の承諾をするには，厚生労働省令の定めるところにより，都道府県知事の許可を得る必要があります（児童福祉法47条1項・2項）。このように，裁判以外で官庁の許可を必要とする場合には，その許可書の謄本の添付を要します。

❸　その他の添付書類

ア　出生届における出生証明書（戸籍法 49 条 3 項）

　　出生の届書には，出生証明書を添付しなければならないとされています。出生証明書は出産に立ち会った医師，助産師又はその他の者がこの順序に従いこのうちの 1 人が作成します（戸籍法 49 条 3 項）。出生証明書の様式及び記載事項については，「出生証明書の様式等を定める省令」（昭和 27 年 11 月 17 日法務省令・厚生省令第 1 号）によって定められています。

イ　認知に関する遺言の謄本（戸籍法 64 条）

　　認知は遺言によってすることができます（民法 781 条 2 項）。遺言による認知は，遺言者が死亡し遺言が効力を生じたときに認知の効力を生じます。この場合には，遺言執行者は就職の日から 10 日以内に，認知に関する遺言の謄本を添付し，任意認知又は胎児認知の届出に関する規定に従って，戸籍の届出をしなければならないとされています（戸籍法 64 条）。この届出は報告的届出であるとされます。

　　なお，遺言認知の場合，認知者死亡の時に子が成年に達しているときは，被認知者の承諾を要します。この場合には，被認知者本人の承諾書の添付も必要になります。

ウ　死亡届における死亡診断書又は死体検案書（戸籍法 86 条 2 項，90 条 2 項）

　　死亡届書には，死亡診断書又は死体検案書を添付しなければなりません（戸籍法 86 条 2 項）。

　　やむを得ない事由によって死亡診断書又は死体検案書を得ることができないときは，死亡の事実を証すべき書面をもってこれに代えることができますが，その場合には，届書にその事由を記載しなければなりません（戸籍法 86 条 3 項）。

エ　国籍取得届における国籍取得を証すべき書面（戸籍法 102 条 2 項）

　　この届出は，法務大臣に対し届出をすることによって日本国籍を取得したことを戸籍に登載するため，市町村長に対してする報告的届出です（戸籍法 102 条）。届書には，国籍取得を証すべき書面を添付しなければなりません。

オ　国籍喪失届における国籍喪失を証する書面（戸籍法 103 条 2 項）

　　この届出は，日本人が国籍法に定めるところによって日本国籍を喪失した場合に，そのことを報告する届出です（戸籍法 103 条）。届書には，国籍喪失を称すべき書面を添付しなければなりません。

カ　外国国籍喪失届における外国国籍の喪失を証すべき書面（戸籍法 106 条 2 項）

　　この届出は，外国の国籍を有していた日本人が，外国の国籍を喪失したことを報告する届出です（戸籍法 106 条）。届書には，外国の国籍を喪失したことを証すべき書面を添付しなければなりません。

キ　他の市町村への分籍又は転籍の届出における戸籍謄本（戸籍法100条2項，108条2項）

　分籍は，戸籍の筆頭に記載した者及びその配偶者でない者で，成年に達している者が，その者単独の戸籍を編製することです（戸籍法21条）。従前の本籍地と異なる市町村に新本籍を定めるときは，戸籍謄本を届書に添付しなければならないとされています（同法100条）。

　また，転籍とは，戸籍の所在場所である本籍を移転することです（戸籍法108条）。他の市町村に転籍する場合は，戸籍謄本を届書に添付しなければならないとされています（同法108条）。

ク　外国語で作成された文書につき翻訳者を明らかにした訳文（戸籍法施行規則63条）

　添付書類が外国語によって作成されたものについては，翻訳者を明らかにした訳文を添付しなければなりません。

第5　届出の審査

1　届書の受理・不受理

　届出の受理とは，市町村長が届書，添付書類等を審査した結果，届出を適法なものと判断した場合に，これを認容する行政処分です。この受理によって届出の効力が発生し，婚姻，縁組等の創設的届出については，その身分関係が形成されることになります。

　これに対し，不受理とは，市町村長が届書，添付書類等を審査した結果，届出が法定の要件を備えていないと判断した場合に，これを拒否する行政処分をいいます。

2　届書の受付

　戸籍実務においては，市町村長は，届書を受理し，又はその送付を受けたときは，その届書に受付の番号及び年月日を記載しなければならないとされています（戸籍法施行規則20条1項）。そして，この受付の年月日は，届書の受理を決定した日ではなく，届書を実際に受領した日を意味するものとされています。例えば，令和5年3月23日に婚姻届が提出され，これを受領したが，その当日には受否を決定することができず，翌日の3月24日にその内容を審査して，受理を決定した場合には，当該届出の受付の日は，届書を審査して受理と決定した3月24日ではなく，窓口で実際に届書を受け取った3月23日です。すなわち，届出の受理の効力が発生する時期は，届書を最初に受領（受付）した日にさかのぼるという解釈がとられています。

　なお，他の市町村長において受理した届書が送付された場合には，その送付を受けた市町村長には，受理の概念はないとされています（木村三男・神崎輝明『全訂　戸籍届書の審査と受理』（日本加除出版，2019 年）26 頁）。

　市町村長は，毎年受付帳を調整し，これにその年度内に受理し又は送付を受けた事件について受付の順序に従い，記載しなければならないとしています（戸籍法施行規則 21 条 1 項）。すなわち，市町村長は，届書類を届出人から受領しても，その受否を決定しない限り受付帳には記載せず，届書に受付の年月日（窓口に提出のあった年月日）を記載しておき，審査の後受理と決定したときに初めて受付帳に記載すべきであり，受付帳に記載する受付の日は，受理と決定した日ではなく，現実に届書を受け付けた日をもって記載すべきものとされています（大正 4・1・11 民 1800 号回答。前掲書 27 頁）。

（注）　法務大臣の指定する戸籍事務を電子情報処理組織によって取り扱う市町村においては，受付帳は磁気ディスクをもって調製されるので（戸籍法施行規則 76 条），受付に関する記録は自動的かつ一元的に処理されています。

　なお，現在全国すべての市町村が戸籍事務を電子情報処理組織によって取り扱っています。

❸　届出の審査

(1)　審査方法の原則

　市町村長は，届書の記載と添付書類などにより，要件具備の有無を審査します。審査に当たっては，民法，戸籍法などの関係法令を解釈し，その上に立って法律的判断を行い，届出事項の虚偽が明白な場合又は実体法規に抵触し効力の生じないことが明白な場合は，受理すべきでないとされています（民事法務協会編『新版実務戸籍法』（民事法務協会，2001 年）75 頁）。

　なお，この届出受否の審査資料となる添付書類については，戸籍法で届出の種類ごとに定められています。例えば，出生届については，届書に出生証明書を添付しなければならないとされていますし（戸籍法 49 条 3 項），死亡届については，届書に死亡診断書又は死体検案書を添付すべきものとされています（同法 86 条 2 項）。また，分籍届又は転籍届にあっては，他の市町村に新本籍を定める場合には，それぞれ届書に戸籍謄本の添付を要するとされています（同法 100 条 2 項，108 条 2 項）。

　なお，令和元年 5 月 31 日法律第 17 号（施行は公布の日から 5 年以内）の戸籍法の一部改正により，届出事件本人の戸籍が磁気ディスクをもって調製されている場合には，分籍届及び転籍届に戸籍謄本の添付を要しないとされています（改正後の戸籍法 120 条の 7，120 条の 8）。

　さらに，届出事件について父母その他の者の同意又は承諾を必要とするときは，

届書にその同意又は承諾を証する書面を添付しなければならないとされています（戸籍法38条1項）し，届出事件について裁判又は官庁の許可を必要とするときは，届書に裁判又は許可書の謄本を添付しなければならないとされています（同条2項）。

これらの添付書類は，出生，死亡等の報告的届出にあっては，届出事件の事実を証する証明資料として，また，婚姻，縁組等の創設的届出にあっては，届出事件の内容が真正であることを証するための資料として用いられるものです。

(2) 審査上の留意点

戸籍の届出については，届出ごとに民法，戸籍法等の法令において種々の要件が定められています。担当者としては，届出された届書類について，法律上の諸要件を満たしているかどうか等につき，慎重に審査し，受否を決定しなければなりません。

この届書の審査に当たっては，次のような点について留意しなければならないとされています。

ア 届出の内容（事件の種類）は何かを確認

まず，届出の内容が何の届出であるかを確認する必要があります。出生，死亡，婚姻，離婚の届については，届書の様式が法定されています（戸籍法28条，戸籍法施行規則59条）ので，原則として，この様式により届け出なければなりません（戸籍法28条2項本文）。したがって，上記の4種の届書については，法定の様式により届出がされているかを審査します。そのほかの各届書については，届出人が任意の様式により作成して届け出て差し支えない取扱いですが，これでは，届出人にとって不便であるばかりでなく，処理する市町村の担当者にとっても届書の記載内容や要件等を審査する上で極めて煩さであり，事務の適性迅速な処理が困難になるとして，届書の作成や届出の審査の便宜に資するうえから，前述した4種類の届書以外の届書についても法務省民事局長通達により，標準様式が示されています（昭和59・11・1民二5502号通達）。

イ 届書に必要な事項が記載されているかどうかを確認

次に，届書に必要な事項が記載されているかどうかを調査します。届書の記載事項については，戸籍法は，各則において各事件ごとに記載事項を定めていますが，29条，30条，31条，33条から35条において，各事件に共通する一般的な事項を定めています。

ウ 届書が戸籍法の定める届出地に提出されたものであるかを確認

戸籍法は，戸籍に関する届出をすべき場所について，「届出事件の本人の本籍地又は届出人の所在地」と規定しています（戸籍法25条1項）。

そのほか，戸籍法は，上記の原則的な届出地に付加して特別な届出地を定めています。すなわち，①出生届は出生地で（戸籍法51条），②死亡届は死亡地で

（同法 88 条 1 項），③分籍届は分籍地で（同法 101 条），④転籍届は転籍地で（同法 109 条），⑤就籍届は就籍地で（同法 112 条）それぞれすることもできます。また，戸籍法は，特定の届出については，上記の原則的な届出地に関する規定を適用しないで特別の届出地を定めています。例を挙げると，①胎児認知届は母の本籍地で（同法 61 条），②認知された胎児の死産届は，認知の届出地で（同法 65 条），③本籍分明届は，基本の届出（本籍が明らかでない者として，届出人の所在地でされた届出）をした地で（同法 26 条），④水難，火災その他の事変による死亡報告又は死亡者の本籍が明らかでない場合や，死亡者を認識することができない場合の死亡報告は，死亡地で（同法 88 条 1 項，92 条）それぞれしなければならないとされています。

エ　届書の記載内容が民法等に定められている要件を具備しているかを確認

婚姻を例にとって説明します。婚姻が法的に有効に成立するための要件は，民法 731 条以降に定められており，当事者に婚姻しようとする意思があることのほかに，婚姻適齢，重婚でないこと，再婚禁止期間，近親婚でないこと等が必要です。さらに，民法 739 条では，戸籍法の定めるところに従って届出をし，これが市町村長により受理されることが必要であることが定められています。

そこで，婚姻適齢等の要件を具備した男女が婚姻届を提出した場合，これを受理するためには，当該男女が上記の民法上の要件を満たしているかどうかを審査する必要があります。

なお，再婚禁止期間については，令和 4 年 12 月 10 日に成立した「民法等の一部を改正する法律」（令和 4 年法律第 102 号。以下，改正後の民法を「改正民法」という。）による見直し後の規律の下では，父性推定が重複する場合には，子の出生の直近の婚姻における夫の子との推定を優先することになるため，父性推定の重複が原因で子の父が定まらないとの事態が生じる余地はなくなるため（民事月報 78 巻 5 号 20 頁），本法律では，女性の再婚禁止期間を定める民法 733 条を削除することとしています。

4　審査上の留意点

届書の審査の留意点について，婚姻届を例に説明します。

(1) 届出の内容（事件の種類）の確認

まず，何の届出が出されたのかを確認します。婚姻届については，届書の様式が法定されていますので（戸籍法 28 条 1 項，戸籍法施行規則 59 条，同規則附録第 12 号様式），この様式により届出がされているか審査します（戸籍法 28 条 2 項）。

(2) 届書に必要な事項が記載されているか否かの確認

婚姻の届書に記載すべき事項として，各届書に共通する記載事項（戸籍法 29 条）のほか，戸籍法 30 条，74 条及び戸籍法施行規則 56 条に規定されている事項が記

載されているどうか。また，届書に，婚姻の当事者双方の署名及び成年の証人2人以上の署名がされているかどうかを審査します。

(3) 届書が戸籍法の定める届出地に提出されたものであるか否かの確認

詳細については，第1の4「届出地」を参照願います。

(4) 届書の記載事項が民法等に定められている要件を具備しているか否かの確認

ア　婚姻意思の合致

通説・判例によれば，婚姻意思とは，社会観念に従い，客観的に夫婦とみられる生活共同体の創設を真に欲する効果意思であるとしています（裁判所職員総合研修所監修『親族法相続法講義案（七訂補訂版）』（司法協会，2015年）41頁）。

この見解によると，①当事者の双方又は一方に上記の意味での婚姻意思がないのに，他方又は第三者が勝手に届出をした場合，②当事者が婚姻に合意し，届書を作成した後婚姻意思を撤回した場合，③双方共婚姻意思がないのに，何らかの意図を達するための方便として，合意の上婚姻の届出をした場合（いわゆる仮想婚姻）には，婚姻は無効となります。

戸籍法で定める届出の際の出頭した本人の確認又は当事者の一方からの不受理申出（戸籍法27条の2）も，当事者の意思確認に役立っています。

イ　婚姻適齢に達しているか否か（民法731条）

婚姻は，男女ともに18歳にならなければすることはできません。

ウ　既に配偶者がいるか否か（民法732条）

配偶者のある者は，重ねて婚姻をすることができません。

エ　再婚禁止期間を経過しているか否か（民法733条1項）

女性が再婚する場合には，前婚の解消又は取消しの日から100日を経過した後でなければならないとされています。

なお，令和4年12月10日，民法の嫡出推定制度の見直し等を内容とする「民法等の一部を改正する法律」（令和4年法律第102号）が成立し，同月16日に公布されました。改正民法では，離婚等の日から300日以内に生まれた子であっても，その間に母が再婚したときは，再婚後の夫の子と推定すると見直され（改正民法772条），父性推定の重複がなくなるため，女性の再婚禁止期間を定める民法733条は削除されます。この法律は，令和6年4月1日から施行されます。

オ　婚姻が近親者間の婚姻に当たるか否か（民法734条〜736条）

①直系血族又は3親等内の傍系血族の間では婚姻することができません。ただし，養子と養方の傍系血族との間にあっては，婚姻しても差し支えありません（民法734条）。

②直系姻族の間では婚姻をすることはできません（民法735条）。

③養子，その配偶者又は養子の直系卑属若しくはその配偶者と養親又はそ

の直系尊属との間では，婚姻をすることはできません（民法 736 条）。

5　市町村長及び管轄法務局長等の調査権

(1) 市町村長の調査権について

　市町村長は，届出の受理に際し，法の規定により届出人が明らかにすべき事項が明らかにされていないときその他戸籍の記載のために必要があると認めるときは，届出人，届出事件の本人その他の関係者に対し，質問をし，又は戸籍の謄本又は抄本その他の必要な書類の提出を求めることができることとされています（戸籍法 27 条の 3）。

(2) 管轄法務局長等の調査権について

　市役所又は町村役場の所在地を管轄する法務局又は地方法務局の長は，市町村長から戸籍事務の取扱いに関する照会を受けたときその他戸籍法 3 条 2 項の規定による助言若しくは勧告又は指示をするために必要があると認めるときは，届出人，届出事件の本人その他の関係者に対し，質問をし，又は必要な書類の提出を求めることができることとされています（戸籍法 3 条 3 項）。

第1　概説

　民法は、「私権の享有は、出生に始まる。」と規定しています（民法3条1項）。その意味は、人は出生によって法律上の権利義務の主体となるというにあります。戸籍制度は、この権利義務の主体である人の身分関係を登録し公証することを目的としていますので、子が出生したときは、できるだけ速やかに戸籍に記載する必要があります。ただし、戸籍に記載すべき人は日本国民に限られていますので、出生した子のうち国籍法の規定によって日本国籍を取得した子のみを、届出等に基づいて記載することになります。

　ちなみに、出生によって日本の国籍を取得する場合を挙げますと、①子が生まれた時に父又は母が日本国民である場合（国籍法2条1号）、②子が生まれる前に死亡した父が死亡の時に日本国民であった場合（同条2号）、③日本で生まれた場合において、父母が共に知れない場合、又は国籍を有しない場合（同条3号）があります。

　出生子の戸籍への記載は、通常は法定の届出義務者からの市町村長に対する出生届によってされることになります。特殊な事例として、航海中に船舶内で出生した子に関する船長から市町村長に対する航海日誌の謄本の送付や、棄児に関するその発見者又は棄児発見の申告を受けた警察官からの申出によって記載される場合があり、また、届出がないため、市町村長が管轄法務局の長の許可を得て職権によって記載される場合もあります。

　なお、出生子が外国人（無国籍者を含む。）である場合は、戸籍には記載されませんが、戸籍法の施行地域内で出生している場合は、出生の届出義務があります（昭和24・3・23民事甲3961号回答）。

第2　出生の届出・審査に必要な知識

1　嫡出子及び嫡出でない子（非嫡出子）

　民法上、親子関係は実親子関係と養親子関係に分けられます。民法の定める実親子は、法律上正当な婚姻関係にある父母の間に生まれた場合と、婚姻関係にない父母の間に生まれた場合とによって、法律上の親子関係の成立、その効果などの取扱いを異にするとされています。前者が嫡出子、後者が嫡出でない子（非嫡出子）といいます。また、嫡出子は、さらにその身分取得の原因が出生によるかどうかによって、生来の嫡出子と準正による嫡出子とに分かれます。前者は、民法772条による嫡出推定を受

けるか否かによって，推定を受ける嫡出子と推定を受けない嫡出子とに分かれ，後者
は，準正の時期によって，婚姻準正による嫡出子と認知準正による嫡出子とに分かれ
ます（裁判所職員総合研修所監修『親族法相続法講義案（七訂補訂版）』（司法協会，
2015年）100頁）。

(1) 推定を受ける嫡出子

　　前述したように，嫡出子とは，婚姻関係にある父母の間に生まれた子，すなわち，
妻が婚姻継続中に夫により懐胎して生んだ子をいいます。したがって，子が嫡出子
であるためには，①母が妻たる身分を有したこと，②婚姻の継続中に懐胎したもの
であること，③夫の子であること，という3つの要件を具備しなければなりません
（裁判所職員総合研修所監修『親族法相続法講義案（七訂補訂版）』（司法協会，
2015年）101頁）。上記の3要件のうち，①の要件である母が妻たる身分を有した
ことは，婚姻の成立につき届出主義を採る現行法の下では，戸籍簿の記載によって
容易に証明できますが，②と③の2要件を直接に証明することは極めて困難である
とされています（前掲書）。そこで民法は，②の要件については，婚姻成立の日か
ら200日後又は婚姻の解消若しくは取消しの日から300日以内に生まれた子は，婚
姻継続中に懐胎したものと推定し（民法772条2項），また，③の要件については，
妻が婚姻継続中に懐胎した子は夫の子と推定する（同条1項）と規定することに
よって上記の立証を免れ得るよう配慮しています。この推定は，嫡出否認の訴えに
よってのみ覆すことができるとされています。

　　ところで，この妻が婚姻中に懐胎した子は夫の子と推定する旨の民法772条の嫡
出推定規定については，令和4年12月10日に成立した「民法等の一部を改正する
法律」（令和4年法律第102号。以下，改正後の民法を「改正民法」という。）では，
772条1項前段において，「妻が婚姻中に懐胎した子は，当該婚姻における夫の子
と推定する。」と規定し，また，同項後段では，「女が婚姻前に懐胎した子であって，
婚姻が成立した後に生まれたものも，同様とする。」と規定しています。すなわち，
改正民法772条1項前段の規定は，妻が婚姻中に懐胎した子は夫の子と推定すると
の現行民法772条の規律を実質的に維持するものであり，同項後段の規定について
は，女が婚姻前に懐胎した子であって，婚姻が成立した後に生まれたものも夫の子
と推定するとの規律を追加したものであるとしています（安達敏男・吉川樹士・石
橋千明『民法改正で変わる！　親子法実務ガイドブック』（日本加除出版，2023
年）51頁）。

　　また，改正民法772条2項は，懐胎時期の推定に関する法律として，「前項の場
合において，婚姻の成立の日から200日以内に生まれた子は，婚姻前に懐胎したも
のと推定し，婚姻の成立の日から200日を経過した後又は婚姻の解消若しくは取消
しの日から300日以内に生まれた子は，婚姻中に懐胎したものと推定する。」と規
定して，婚姻の成立した日から200日以内に生まれた子についても，夫の子と推定

することとし，婚姻の解消等の日から 300 日以内に生まれた子については，母が前夫以外の男性と再婚した後に生まれた場合には，再婚後の夫の子と推定することとされました（改正民法 772 条 3 項）。

さらに，改正民法 772 条 3 項は，「第 1 項の場合において，女が子を懐胎した時から子の出生の時までの間に二以上の婚姻をしていたときは，その子は，その出生の直近の婚姻における夫の子と推定する。」と規定しています。

「民法等の一部を改正する法律」（令和 4 年法律第 102 号）は，「民法等の一部を改正する法律の施行期日を定める政令」（令和 5 年政令第 173 号）により，令和 6 年 4 月 1 日から施行されます。

(2) 推定されない嫡出子

子の嫡出推定に関する現行民法 772 条の規定によれば，婚姻成立後 200 日以内に生まれた子は，夫婦間の子であることが明らかな場合であっても，嫡出の推定を受けないことになります。しかし，その後の判例及び戸籍実務の下では，婚姻成立後 200 日以内に出生した子のうちには，民法 772 条に定める嫡出子の推定を受けないけれども，嫡出子として取り扱われるものがあるとしています。このような子を「推定を受けない嫡出子」と呼んでいます。

民法の嫡出推定制度の見直し等を内容とする「民法の一部を改正する法律」（令和 4 年法律第 102 号）では，婚姻の成立した日から 200 日以内に生まれた子についても，夫の子と推定することとされています。

(3) 嫡出否認の訴えの出訴権者及び出訴期間

現行民法 775 条は，民法 772 条により法律上の父子関係が定められる場合において，当該父子関係を覆すためには嫡出否認の訴えによるべきであるとし，この訴えを提起し得るのは，原則として夫だけであるとしています（同法 774 条）。

民法の嫡出推定制度の見直し等を内容とする「民法等の一部を改正する法律」では，嫡出推定規定により父が定まる子について，父のほか子及び母にも嫡出推定に対する否認権を認め，また，親権を行う母，親権を行う養親又は未成年後見人は，子に代わって，否認権を行使することができるとされました（改正民法 774 条 1 項〜3 項）。さらに，改正民法 772 条 3 項により，母の離婚後 300 日以内に生まれた子であって，母が前夫以外の男性と再婚した後に生まれたものについて，当該再婚後の夫の子と推定される場合には，前夫にも，嫡出否認に対する否認権が認められています（改正民法 774 条 4 項）。

また，現行民法 777 条では，嫡出否認の訴えの出訴期間を 1 年以内であるとしていましたが，今回の改正では，父及び前夫については，子の出生を知った時から，子及び母については，子の出生の時から，それぞれを 3 年以内と伸長しています。

(4) 準正子

準正とは，嫡出でない子に，その父母の嫡出子の身分を事後的に取得させる制度

であるとされます（本山敦編著『逐条ガイド親族法』（日本加除出版，2020年）
222頁）。

　民法では，準正に関して次のように規定しています。

　民法789条1項は，「父が認知した子は，その父母の婚姻によって嫡出子の身分
を取得する。」と規定しています。これを「婚姻準正」といいます。また，同条2
項では，「婚姻中父母が認知した子は，その認知の時から，嫡出子の身分を取得す
る。」と規定しています。これは，父母の婚姻前に出生した嫡出でない子が父母の
婚姻後に父から認知されたときは，その子は認知により準正されるとしているので
す。これを「認知準正」といいます。なお，これに関連して，戸籍法62条は，認
知準正によって嫡出となるべき子について，父母の婚姻後，父が嫡出子出生の届出
をしたときは，その届出は認知の効力を有するとして，準正が認められます。した
がって，戸籍法62条の嫡出子出生届があった場合は，子は直ちに父母の氏を称し，
その戸籍に入ります。

2　嫡出でない子（非嫡出子）

　法律上の婚姻関係にない父母の間に生まれた子を「嫡出でない子」又は「非嫡出
子」といいます。

　母と嫡出でない子との親子関係について，民法は，「嫡出でない子は，その父又は
母がこれを認知することができる。」と規定していますが（民法779条），判例は，母
と嫡出でない子の親子関係は，原則として，母の認知を待たず，分娩の事実によって
当然に発生するとしています（最判昭和37・4・27民集16巻7号1247頁）。他方，
嫡出でない子と父との間の法的親子関係は，認知によって生じます（民法779条）。

第3　子の氏及び子の名

① 子の氏

子の氏は，民法の規定により，通常は出生と同時に定まります。

(1) 嫡出子の氏（民法 790 条 1 項）

嫡出子は父母の氏を称します。子の出生前に父母が離婚したときは，離婚の際における父母の氏を称します。

(2) 嫡出でない子の氏（民法 790 条 2 項）

嫡出でない子は母の氏を称します。父から認知されても，当然に父の氏を称することにはなりません。

(3) 準正子（民法 789 条，791 条）

準正子たる身分を取得することによって，当然には，父母の氏を称することにはなりません。この場合に準正子が父母の氏を称するには，民法 791 条の規定に基づき，戸籍法 98 条に定める入籍届をする必要があります。

ただし，父母の婚姻前に出生した子について，婚姻後に父から嫡出子として出生の届出（戸籍法 62 条の出生届）がなされたときは，出生した子は，父母婚姻後の氏を称して直ちに父母の戸籍に入籍します。

(4) 父未定の子の氏

現行民法 733 条 1 項は，「女は，前婚の解消又は取消しの日から起算して 100 日を経過した後でなければ，再婚をすることができない。」として，女性の再婚禁止期間を定めています。この再婚禁止期間の定めに違反して再婚した女が出産した場合において，民法 772 条の規定によって前夫の嫡出推定と再婚後の夫の嫡出推定とが重複するときは，裁判所が父を定めることとされています（同法 773 条）。

この規定は，再婚禁止期間の定めに違反して再婚をした女性が出産し，父性推定が重複した場合における，父子関係確定のための手続について定める規定ですが，同規定は，重婚の禁止の定め（民法 732 条）に違反して重婚をした女性が出産した場合における同様の手続についても，類推適用されるものと解されてきたとのことです（民事月報 78 巻 5 号 20 頁）。このような事情に鑑み，改正民法 773 条では，重婚がされた場合に適用される規律であることを明確にするために，重婚禁止についての同法 732 条の規定に違反して婚姻をした女性が出産した場合において適用することとされています。

改正民法では，父性推定が重複する場合には，子の出生の直近の婚姻における夫の子との推定を優先させることとなるため，父性推定の重複が原因で子の父が定まらないとの事態が生じる余地がなくなったとして，女性の再婚禁止期間を定める改

正前民法733条は削除することとされています（前掲書）。

　なお，嫡出推定が重複する子の出生の届出は母がしなければならず，届書に父が未定である事由を記載しなければなりません（戸籍法54条1項）。父未定の子は，父を定める裁判によりその氏も確定しますが，それまでの間は，出生当時の母の氏を称するとされています。

(5)　棄児の氏

　棄児については，「棄児を発見した者又は棄児発見の申告を受けた警察官は，24時間以内にその旨を市町村長に申し出なければならない。」とされています（戸籍法57条1項）。棄児発見の申出を受けた市町村長は，氏名を付け，本籍を定めて，その子のために新戸籍を編製します（同条2項）。

❷　子の名

　出生の届出にあたっては，届書に子の名を記載して届け出なければなりません（戸籍法29条4号）。

　子の命名については，次のような制限があります。

(1)　名に用いる文字の制限

　戸籍法は，「子の名には，常用平易な文字を用いなければならない。」としています（戸籍法50条1項）。常用平易な文字の範囲は，戸籍法施行規則で次のように定められています（戸籍法50条2項，戸籍法施行規則60条）。

> ①常用漢字表に掲げる漢字
> ②戸籍法施行規則別表第二に掲げる漢字
> ③片仮名又は平仮名（変体仮名を除く。）

(2)　同一戸籍内における同一名の禁止

　命名に当たっては，出生によって入籍すべき戸籍内にある者と同一の名をつけることは認められていません（昭和10・10・5民事甲1169号回答）。ただし，その者が死亡，婚姻，縁組等によって既に除籍されている場合には，その者と同じ名をつけることができます（昭和7・8・18民事甲828号回答，昭和47・8・23民事二発420号回答）。

(3)　添付書類―出生証明書

　命名前に出生証明書の交付を受けたため，子の氏名が記載されていない場合において，当該出生証明書の「その他」欄に，「命名前に出生証明書の発行を受けたため，子の氏名欄が空白である。」との記載がされているときは，子の氏名を追記載させるまでもなく受理して差し支えないとされています（昭和50・5・23民二2696号通達）。

第 4　出生の届出

1　届書の様式

　届書の様式については，出生，婚姻，離婚及び死亡の 4 種の届書については，戸籍法施行規則 59 条により一定の様式が定められており，したがって，これらの届出は，当該様式によって届け出ることを要し（戸籍法 28 条 2 項本文），この様式に反する届出があったときは，受理すべきでないとされています（木村三男・神崎輝明『全訂戸籍届書の審査と受理』（日本加除出版，2019 年）63 頁）。この届書の様式を法定様式といいます。しかし，やむを得ない事由により所定の様式によって届け出ることができない場合には，その様式によることを要しないとされています（同項ただし書）。

　上記 4 種以外の届書については，届出人が任意の様式によって作成して届け出て差し支えない取扱いですが，それでは届書の作成や届出の審査をする上で極めて煩さであるところから，法務省民事局長通達（昭和 59・11・1 民二 5502 号通達，標準様式の全部改正・令和 3・8・27 民一 1622 号通達）をもって標準様式が示されています。

2　届書の記載事項

　出生の届書の記載事項については，戸籍法 29 条において各届出事件に共通する一般的記載事項を定めているほか，同法 49 条 2 項及び戸籍法施行規則 55 条において出生届に特有の記載事項を定めています。

(1)　戸籍法 29 条に規定する一般的事項

①届出事件名（戸籍法 29 条 1 号）
②届出の年月日（同条 2 号）
　市町村長に提出する日を記載します。
③届出人の出生年月日，住所及び戸籍の表示（同条 3 号）
　届出人を特定し，その同一性を明らかにするためです。また，出生の年月日は届出人の届出能力（戸籍法 31 条）の認定，住所は届出地の決定のために必要なものです。
④届出人と届出事件の本人と異なるときは，届出事件本人の氏名，出生年月日，住所，戸籍の表示及び届出人の資格（戸籍法 29 条 4 号）
　届書の受否の審査上，当該届書が適法に届出をすることができる資格を有する者からなされたか否かを判定します。

　なお，「行政手続における特定の個人を識別するための番号の利用等に関する法律等の一部を改正する法律」（令和5年6月9日法律第48号。以下，改正後の戸籍法を「改正戸籍法」という。）により，戸籍法の一部が改正され，「届出事件本人の氏名及び氏名の振り仮名」が新たに届書の記載事項として定められました（改正戸籍法29条4号）。また，戸籍にも，本籍のほか，戸籍内の各人について，「氏名の振り仮名」を記載しなければならないとされました（改正戸籍法13条1項2号）。

　改正法は，公布の日（令和5年6月9日）から起算して2年を超えない範囲内において政令で定める日から施行するとされています（改正戸籍法附則）。

(2)　戸籍法49条2項及び戸籍法施行規則55条に規定する事項

　　　　①子の男女の別及び嫡出子又は嫡出でない子の別（戸籍法49条2項1号）
　　　　②出生の年月日時分及び場所（同項2号）
　　　　③父母の氏名及び本籍，父又は母が外国人であるときは，その氏名及び国籍（同項3号）
　　　　④世帯主の氏名及び世帯主との続柄（戸籍法施行規則55条1号）
　　　　⑤父母の出生の年月日及び子の出生当時の父母の年齢（同条2号）
　　　　⑥子の出生当時の世帯の主な仕事及び国勢調査実施年の4月1日から翌年3月31日までに発生した出生については，父母の職業（同条3号）
　　　　⑦父母が同居を始めた年月（同条4号）

③ 　届出期間

　出生の届出は，子が出生した日から起算して14日以内（国外で出生があったときは，3か月以内）にしなければなりません（戸籍法49条1項）。戸籍の届出期間は届出事件発生の日から起算するとされていますから（同法43条1項），出生届の場合は，子が出生した日が届出期間の初日として算入されます。もっとも，届出期間が経過した後の届出であっても，市町村長はこれを受理しなければならないとされています（戸籍法46条）。国外で出生した日本国民である子の出生届は，上記のとおり，出生の日から3か月以内にしなければならないとされていますが，子が出生により外国国籍を取得している場合（例えば，子が生地主義を採る国で生まれたときは，日本国籍との重国籍の状態になる）には，「日本国籍を留保する。」旨の届出を出生届とともにしなければ，届出の時にさかのぼって日本の国籍を失うこととされています（国籍法12条，戸籍法104条1項，2項）。

4 　届出地

　戸籍に関する届出は，届出事件本人の本籍地又は届出人の所在地でしなければならないのが一般原則ですが（戸籍法 25 条 1 項），出生の届出は，出生地においてもすることができるとされています（戸籍法 51 条 1 項）。また，汽車その他の交通機関（船舶を除く。）の中で子が出生したときは，母がその交通機関から降りた地で届出をすることができますし，航海日誌を備えない船舶の中で出生があったときは，その船舶が最初に入港した地で届出をすることができます（戸籍法 51 条 2 項）。

　日本国外において日本国民として出生した子については，届出地の一般原則に従い，その本籍地の市町村長に郵送によって届け出るほか，その国に駐在する日本の大使，公使又は領事に届出をすることもできます（戸籍法 40 条）。

5 　届出義務者

　子が出生したときは，その子が嫡出子であると，嫡出でない子であるとに関わりなく，出生の届出をしなければなりません。しかし，嫡出子と嫡出でない子とでは，届出義務を負う者に違いがあります。

(1) 嫡出子の出生届

　嫡出子の出生の届出については，父又は母が，子の出生前に父母が離婚をした場合には母がそれぞれ第 1 順位として届出の義務を負います（戸籍法 52 条 1 項）。

(2) 嫡出でない子の出生届

　嫡出でない子の出生の届出は，母が第 1 順位の届出義務を負います（戸籍法 52 条 2 項）。

(3) 父母がともに届出をすることができない場合

　出生の届出義務を負う父又母が届出をすることができない場合には，第 1 順位者は同居者，第 2 順位者は出産に立ち会った医師，助産師又はその他の者が，その順序で届出義務を負うこととされています（戸籍法 52 条 3 項）。

　このほか，父又は母が届出をすることができない場合には，その者以外の法定代理人も届出をすることができるとされています（戸籍法 52 条 4 項）。

6 　添付書類

　出生届書には，出産に立ち会った医師，助産師又はその他の者がその順序に従って，そのうちの 1 人が作成する出生証明書を添付しなければなりません（戸籍法 49 条 3 項）。出生証明書の様式及び記載事項については，「出生証明書の様式等定める省令」（昭和 27 年 11 月 17 日法務省令・厚生労働省令第 1 号）によって定められています。

　同省令によれば，出生証明書には次の事項を記載しなければならないとされています。

　①子の氏名及び性別

　②出生の年月日時分

　③出生の場所及びその種別（病院，診療所又は助産所で出生したときは，

　　その名称を含む。）

　④体重及び身長

　⑤単胎か多胎かの区別及び多胎の場合には，その出産順位

　⑥母の氏名及び妊娠週数

　⑦母の出産した子の数

　⑧出生証明書作成の年月日

　⑨出生証明書を作成した医師，助産師又はその他の立会者の住所及び氏名

　なお，やむを得ない事情があって出生証明書の添付をすることができない場合には，事前に管轄局の長の指示を得て受理する取扱いとなっています（昭和23・12・1民事甲1998号回答）。

第5　出生届の審査上の留意点

　出生の届出がありますと，出生の届書に記載されている各事項を審査することになります。

(1) 届書が自庁に受付管轄があるか

　出生の届出は，届出地の一般原則に関する戸籍法25条の規定により，事件本人の本籍地又は届出人の所在地でしなければならないとされていますが，出生地においてすることもできます（戸籍法51条1項）。市町村長は，届書の記載により自庁に受付管轄権があるかどうかを審査します。

(2) 出生届書の記載と添付された出生証明書の記載にそごはないか

　出生届書には，出産に立ち会った医師，助産師又はその他の者が作成する出生証明書を添付しなければなりません（戸籍法49条3項）。この届書及び証明書の記載は一致しているのが原則ですので，両者の記載を対照して子の氏名及び性別，出生年月日，出生の場所等の記載にそごがないかどうかを審査します。

(3) 子の名について，その文字が常用平易な文字が用いられているか

　常用平易な文字の範囲は，①常用漢字表に掲げる漢字（括弧書きが添えられているものについては，括弧の外のものに限る。），②戸籍法施行規則別表第二に掲げる漢字，③片仮名又は平仮名（変体仮名を除く。）に限定されています（戸籍法50条2項，戸籍法施行規則60条）。したがって，事件本人である出生子の名前について，

それが常用平易な文字であるかどうかを審査します。

(4)　届書に記載された父母の氏と出生した子の氏が異なる場合に，届書中「その他」欄に，出生子の入籍すべき戸籍の表示がされているか

　　届書には，父母の氏名及び本籍を記載します（戸籍法 49 条 2 項 3 号）。この場合の父母の氏名及び本籍は，届出当時のものを記載することとされています。他方で，子については，出生当時の父母の氏を称してその戸籍に入ることとなっています。そこで，例えば，父母が子の出生後その届出前に養子縁組をして氏を改めたときは，父母の氏と子の氏が異なることになります。このような場合には，出生によりその入籍すべき戸籍の表示については，出生届書の「その他」欄に記載しなければ，子と父母との氏あるいは子の入籍すべき戸籍の関係等が判然としないことになります。そこで，このような届書が戸籍の窓口に届け出られたような場合は，その記載の有無及びその当否について審査する必要があるとされています（木村三男・神崎輝明『全訂　戸籍届書の審査と受理』（日本加除出版，2019 年）207 頁）。

(5)　婚姻の解消又は取消し後 300 日以内に出生した子について，医師の作成した「懐胎時期に関する証明書」を添付して嫡出でない子又は後夫の嫡出子としてされた出生届の審査について

　　婚姻の解消又は取消し後 300 日以内に出生した子は，婚姻中に懐胎したものと推定され，民法 772 条の嫡出推定が及ぶこととされていますので，母の前夫の嫡出子とする出生の届出しなければならないことになります。しかしながら，婚姻の解消又は取消し後 300 日以内に出生した子について，医師が作成した証明書によって離婚後に懐胎したことが証明されている場合には，前夫の嫡出推定が及ばないものとして，嫡出でない子又は後婚の夫の子としての出生届を認めることとされています（平成 19・5・7 民一 1007 号通達）。このため，市町村長は，出生の届書及び医師が作成した証明書（「懐胎時期に関する証明書」）によって，子の懐胎時期が婚姻の解消又は取消し後であるかどうかを審査することになります（前掲通達）。審査は，懐胎時期に関する証明書記載の「懐胎時期」の最も早い日が婚姻の解消又は取消し後であるかどうかによって判断します。

(6)　届出義務者が届出をしているか

　　嫡出子出生の届出は，父又は母がしなければならないとされています（戸籍法 52 条 1 項）。ただし，子の出生前に父母が離婚した場合には，届出義務者は母のみとされています。また，嫡出でない子の出生の届出は，母がしなければならないとされています（同条 2 項）。そこで，届出義務者が届出をしていることの確認が大切な審査項目となります。

　　届出人が父又は母であるときは，その出生届書の父又は母の出生年月日欄と届出人の出生年月日欄の記載が一致しているかどうかを審査します。

(7)　戸籍法62条の嫡出子出生届については，父が届出人となっているか

　　嫡出でない子が出生した場合は，母が嫡出でない子として出生届をしなければなりません（戸籍法52条2項）。その出生の届出までの間に，母と出生子の血縁上の父が婚姻し，かつ父が子を認知すれば，子は準正嫡出子となるので，父母が婚姻した後であれば，非嫡出子出生届と認知届という方法によらずとも，父からする嫡出子出生届に認知届出の効力を持たせたのが戸籍法62条の規定です。したがって，この届出は，父が届出人となっていることが必要であるほか，認知に関する実質的要件を具備していることが求められています（裁判所職員総合研修所監修『親族法相続法講義案（七訂補訂版)』（司法協会，2015年）120頁）。したがって，戸籍法62条の嫡出子出生届については，父が届出人として届出人欄に署名しているかどうかを審査する必要があります。また，認知をするについて要求される実質的要件を具備しているかについても審査をする必要があります。

(8)　嫡出でない子の出生届につき，母が戸籍の筆頭に記載された者又はその配偶者でない場合に，届書に新戸籍編製の場所の記載がされているか

　　嫡出でない子は，母の氏を称して母の戸籍に入籍させることになります。母が戸籍の筆頭に記載された者又はその配偶者でない場合は，母について新戸籍を編製し（戸籍法17条），子をこれに入籍させることになりますので（同法18条2項），出生届書の「その他」欄にその新本籍を記載しなければなりません（同法30条）。この場合には，その記載の有無について審査し確認する必要があります。

第6 戸籍の処理

(1) 嫡出子の場合

　　嫡出子は，父母の氏を称して，父母の戸籍に入籍します（民法790条1項本文，戸籍法18条1項）。

(2) 嫡出でない子の場合

　　嫡出でない子は，母の氏を称して，母の戸籍に入籍します（民法790条2項，戸籍法18条2項）。なお，戸籍の記載についても，父母欄の記載方法などについて，嫡出子と嫡出でない子とで異なる取扱いになっています。すなわち，嫡出子の場合は，実父母双方の氏名が記載されますが，嫡出でない場合は，父の認知がない者については，母の氏名が記載され，父欄は空欄となります。

嫡出子の出生届

父から非本籍地で出生した嫡出子について，本籍地の市町村長に届出がされた事例

出 生 届

令和 5 年 6 月 24 日 届出

受理	令和 5 年 6 月 24 日	発送 令和　年　月　日
第	5001 号	長印
送付 令和　年　月　日		
第　　　　号		

書類調査	戸籍記載	記載調査	調査票	附票	住民票	通知

東京都練馬区 長 殿

<table>
<tr><td rowspan="4">生まれた子</td><td>(1)</td><td>(よみかた)
子の氏名
外国人のときは
ローマ字を付記
してください</td><td colspan="2">こう の　　　ひろし
氏　　　　　名
甲野　　　博</td><td>父母と
の
続き柄</td><td>☑嫡　出　子
□嫡出でない子</td><td>長 ☑男
　　□女</td></tr>
<tr><td>(2)</td><td>生まれたとき</td><td colspan="5">令和 5 年 6 月 14 日　☑午前　10 時 15 分
□午後</td></tr>
<tr><td>(3)</td><td>生まれたところ</td><td colspan="5">東京都豊島区○○町1丁目　1　番地　1 号
　　　　　　　　　　　　　　　　　番</td></tr>
<tr><td>(4)</td><td>住　所
(住民登録をする
ところ)</td><td colspan="5">東京都練馬区○○町○丁目○番○号
世帯主
の氏名 甲野一郎　　世帯主と　子
　　　　　　　　　　の続き柄</td></tr>
<tr><td rowspan="5">生まれた子の父と母</td><td>(5)</td><td>父母の氏名
生年月日
(子が生まれたと
きの年齢)</td><td>父 甲野一郎
平成3年10月8日(満32歳)</td><td colspan="3">母 甲野花子
平成6年7月15日(満29歳)</td></tr>
<tr><td>(6)</td><td>本　籍
外国人のときは
国籍だけを書い
てください</td><td colspan="4">東京都練馬区○○町○丁目○　番地
　　　　　　　　　　　　　　　番
筆頭者
の氏名 甲野一郎</td></tr>
<tr><td>(7)</td><td>同居を始めた
とき</td><td colspan="4">令和3年1月　(結婚式をあげたとき，または，同居を始め
　　　　　　　　　たときのうち早いほうを書いてください)</td></tr>
<tr><td>(8)</td><td>子が生まれた
ときの世帯の
おもな仕事と</td><td colspan="4">□ 1.農業だけまたは農業とその他の仕事を持っている世帯
□ 2.自由業・商工業・サービス業等を個人で経営している世帯
□ 3.企業・個人商店等(官公庁は除く)の常用勤労者世帯で勤め先の従業者数が1人から99人ま
　　での世帯(日々または1年未満の契約の雇用者は5)
☑ 4.3にあてはまらない常用勤労者世帯及び会社団体の役員の世帯(日々または1年未満の契約
　　の雇用者は5)
□ 5.1から4にあてはまらないその他の仕事をしている者のいる世帯
□ 6.仕事をしている者のいない世帯</td></tr>
<tr><td>(9)</td><td>父母の職業</td><td colspan="4">(国勢調査の年…　年…の4月1日から翌年3月31日までに子が生まれたときだけ書いてください)
父の職業　　　　　　　母の職業</td></tr>
</table>

その他	

届出人	☑ 1.父　　□ 2.法定代理人(　　)　□ 3.同居者　□ 4.医師　□ 5.助産師　□ 6.その他の立会者 □ 1.母 □ 7.公設所の長
	住　所 東京都練馬区○○町○丁目○番○号
	本　籍 東京都練馬区○○町○丁目○　番地　筆頭者　甲野一郎 　　　　　　　　　　　　　　　　番　の氏名
	署　名　甲野一郎　　印　　平成3年10月8日生 (※押印は任意)

事件簿番号	

届出地の市町村で届書を受領した日を記入します。

届出期間

届出は，子が出生した日から14日以内にしなければなりません(戸籍法49条1項)。ただし，期間が経過した後の届出であっても，市町村長はこれを受理しなければならないとされています(同法46条)。国外で出生があったときは，出生の日から3か月以内にしなければなりません(同法49条1項)。

届出地

届出事件本人の本籍地又は届出人の所在地でしなければなりませんが，出生地においてもすることができます。

父母との続柄の記載

嫡出子については，父母を同じくする子の中でのその出生の順序に従い，長男(長女)，二男(二女)，と記載します。

父母の氏名

届出当時の父母の氏名を記入します。
届出当時の父母の本籍を記入します。

後順位の届出義務者又は届出資格者が届出するときは，先順位の者が届出することができない事由を記載します。出生証明書を添付できないときは，その事由を記載します。

嫡出子の氏

嫡出である子は，父母の氏を称します。ただし，子の出生前に父母が離婚をしたときは，子は，離婚の際における父母の氏を称します。

子の名

① 子の名については，出生によって入籍すべき戸籍内にある者と同一の名を付けることは認められていません。
② 子の名には，常用平易な文字を用いなければなりません(戸籍法50条1項)。常用平易な文字の範囲は，戸籍法施行規則で定められています。

届出義務者

① 嫡出子の場合は，父又は母が届出をしなければなりません。ただし，子の出生前に父母が離婚した場合は，母が届出をしなければなりません(戸籍法52条1項)。
② 嫡出でない子の場合は，母が届出をしなければなりません(戸籍法52条2項)。
③ 父母がともに届出をすることができない場合は，第1順位者として同居者，第2順位者として出産に立ち会った医師，助産師又はその他の者が届出義務を負います(戸籍法52条3項)。

添付書類

出生届書には，出産に立ち会った医師，助産師又はその他の者が作成する出生証明書を添付しなければなりません。出生証明書には，①子の氏名及び性別，②出生の年月日時分，③出生の場所及び種別（病院，診療所又は助産所で出生したときは，その名称を含む。），④体重及び身長，⑤単胎か多胎かの別及び多胎の場合には，その出産順位，⑥母の氏名及び妊娠週数，⑦母の出産した子の数，⑧出生証明書作成の年月日，⑨出生証明書を作成した医師，助産師又はその他の立会者の住所及び氏名を記載しなければなりません。

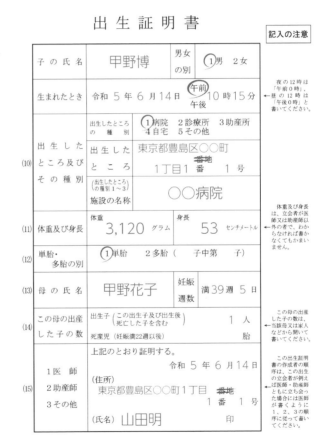

記入の注意

鉛筆や消えやすいインキで書かないでください。

子が生まれた日からかぞえて14日以内に提出してください。

子の本籍地でない市区町村役場に提出するときは，2通提出してください（市区町村役場が相当と認めたときは，1通で足りることもあります。）。2通の場合でも，出生証明書は，原本1通と写し1通でさしつかえありません。

子の名は，常用漢字，人名用漢字，かたかな，ひらがなで書いてください。子が外国人のときは，原則かたかなで書くとともに，住民票の処理上必要ですから，ローマ字を付記してください。

よみかたは，戸籍には記載されません。住民票の処理上必要ですから書いてください。

□には，あてはまるものに☑のようにしるしをつけてください。

筆頭者の氏名には，戸籍のはじめに記載されている人の氏名を書いてください。

子の父または母が，まだ戸籍の筆頭者となっていない場合は，新しい戸籍がつくられますので，この欄に希望する本籍を書いてください。

届け出られた事項は，人口動態調査（統計法に基づく基幹統計調査，厚生労働省所管）にも用いられます。

出 生 証 明 書

子 の 氏 名	甲野博	男女の別	①男　2女

生まれたとき	令和 5 年 6 月14日	午前／午後	10 時15分

夜の12時は「午前0時」，昼の12時は「午後0時」と書いてください。

(10) 出生したところ及びその種別

出生したところの種別	①病院　2診療所　3助産所　4自宅　5その他
出生したところ	東京都豊島区○○町　1丁目1番　1号
（出生したところの種別1～3）施設の名称	○○病院

(11) 体重及び身長	体重 3,120 グラム	身長 53 センチメートル

体重及び身長は，立会者が医師又は助産師以外の者で，わからなければ書かなくてもかまいません。

(12) 単胎・多胎の別	①単胎　2多胎（　子中第　子）

(13) 母の氏名	甲野花子	妊娠週数	満39週 5 日

(14) この母の出産した子の数

出生子（この出生子及び出生後死亡した子を含む）	1 人
死産児（妊娠満22週以後）	胎

この母の出産した子の数は，当該母又は家人などから聞いて書いてください。

(15)

上記のとおり証明する。

令和 5 年 6 月14日

1 医師　2 助産師　3 その他	（住所）東京都豊島区○○町1丁目　1番　1号

（氏名）山田明　　印

この出生証明書の作成者の順序は，この出生の立会者が例えば医師・助産師ともに立ち会った場合には医師が書くように1，2，3の順序に従って書いてください。

記入の注意

※出生届の手続について，悩みや困りごとがあれば，お近くの市区町村又は法務局にご相談ください。出生届を届け出なければ，その子の戸籍がつくられず，不利益を被るおそれがあります。詳しくは法務省のホームページをご覧ください。　🔍無戸籍　法務省

嫡出でない子の出生届

母から嫡出でない子の出生届が出生地の市町村に届出がされ，母につき従前の本籍地に新戸籍を編製する事例

届出地の市町村で届書を受領した日を記入します。

送付を受けた市町村で届書が送付されてきた日を記入します。

届出期間

届出は，子が出生した日から14日以内にしなければなりません（戸籍法49条1項）。ただし，期間が経過した後の届出であっても，市町村長はこれを受理しなければならないとされています（同法46条）。国外で出生があったときは，出生の日から3か月以内にしなければなりません（同法49条1項）。

父母との続柄の記載

嫡出子については，父母を同じくする子の中でのその出生の順序に従い，長男（長女），二男（二女），と記載します。嫡出でない子については，父の認知の有無にかかわらず，母との関係のみにより認定し，母が分娩した嫡出でない子の出生の順序に従い，長男（長女），二男（二女）と記載します。

届出当時の母の氏名を記入します。

届出当時の母の本籍を記入します。

父又は母について新戸籍を編製すべきときは，その旨及び新戸籍を記載します。

出生届

受理	令和 5 年10月12日	発送 令和 5 年10月12日
第	10623 号	東京都江戸川区 長 印
送付	令和 年 月 日	
第	号	

令和 5 年10月12日届出

東京都江戸川区 長 殿

審査調査	戸籍記載	記載調査	調査票	附 票	住民票	通 知

(1) 生まれた子	(よみかた) 子の氏名 外国人のときはローマ字を付記してください	おつ かわ 乙川 氏	よう こ 洋子 名	父母との続き柄 □嫡出子 ✓嫡出でない子	長 □男 ✓女
(2)	生まれたとき	令和 5 年 10 月 6 日	✓午前 □午後 10 時 00 分		
(3)	生まれたところ	東京都江戸川区○○町1丁目1 1	番地 番	1 号	
(4)	住所 (住民登録をするところ)	東京都府中市○○1丁目2番2号			
		世帯主の氏名 乙川太郎	世帯主との続き柄 子の子		
(5) 生まれた子の父と母	父母の氏名 生年月日 (子が生まれたときの年齢)	父	母 乙川桜子		
		年 月 日(満 歳)	平成8年 5月22日 (満 27歳)		
(6)	本籍 外国人のときは国籍だけを書いてください	東京都府中市○○町1丁目2	番地 番		
		筆頭者の氏名 乙川太郎			
(7)	同居を始めたとき	年 月 (結婚式をあげたとき，または，同居を始めたときのうち早いほうを書いてください)			
(8)	子が生まれたときの世帯のおもな仕事と	□ 1. 農業だけまたは農業とその他の仕事を持っている世帯 □ 2. 自由業・商工業・サービス業等を個人で経営している世帯 □ 3. 企業・個人商店等（官公庁は除く）の常用勤労者世帯で勤め先の従業者数が1人から99人までの世帯（日々または1年未満の契約の雇用者は5） □ 4. 3にあてはまらない常用勤労者世帯及び会社団体の役員の世帯（日々または1年未満の契約の雇用者は5） □ 5. 1から4にあてはまらないその他の仕事をしている者のいる世帯 □ 6. 仕事をしている者のいない世帯			
(9)	父母の職業	(国勢調査の年... 年...の4月1日から翌年3月31日までに子が生まれたときだけ書いてください) 父の職業 母の職業			

その他	母につき新戸籍を編製 新本籍 東京都府中市○○町1丁目2番
届出人	□ 1. 父 ✓母 □ 2. 法定代理人（ ） □ 3. 同居者 □ 4. 医師 □ 5. 助産師 □ 6. その他の立会者 □ 7. 公設所の長
	住所 東京都府中市○○町1丁目2番2号
	本籍 東京都府中市○○町1丁目2 番地 番 筆頭者の氏名 乙川太郎
	署名 (※押印は任意) 乙川桜子 印 平成8年 5月 22 日生

事件簿番号

嫡出でない子の氏

嫡出でない子は，母の氏を称します。

子の名

① 子の名については，出生によって入籍すべき戸籍内にある者と同一の名を付けることは認められていません。

② 子の名には，常用平易な文字を用いなければなりません。常用平易な文字の範囲は，戸籍法施行規則で定められています。

届出義務者

① 嫡出子の場合は，父又は母が届出をしなければなりません。ただし，子の出生前に父母が離婚した場合は，母が届出をしなければなりません（戸籍法52条1項）。

② 嫡出でない子の場合は，母が届出をしなければなりません（戸籍法52条2項）。

③ 父母がともに届出をすることができない場合は，第1順位者として同居者，第2順位者として出産に立ち会った医師，助産師又はその他の者が届出義務を負います（戸籍法52条3項）。

添付書類

出生届書には，出産に立ち会った医師，助産師又はその他の者が作成する出生証明書を添付しなければなりません。
　出生証明書には，①子の氏名及び性別，②出生の年月日時分，③出生の場所及び種別（病院，診療所又は助産所で出生したときは，その名称を含む。），④体重及び身長，⑤単胎か多胎かの別及び多胎の場合には，その出産順位，⑥母の氏名及び妊娠週数，⑦母の出産した子の数，⑧出生証明書作成の年月日，⑨出生証明書を作成した医師，助産師又はその他の立会者の住所及び氏名を記載しなければなりません。

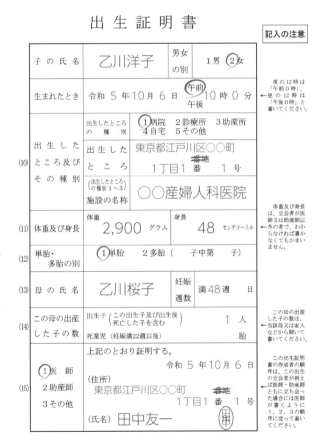

記入の注意

鉛筆や消えやすいインキで書かないでください。

子が生まれた日からかぞえて14日以内に提出してください。

子の本籍地でない市区町村役場に提出するときは，2通提出してください（市区町村役場が相当と認めたときは，1通で足りることもあります。）。2通の場合でも，出生証明書は，原本1通と写し1通でさしつかえありません。

子の名は，常用漢字，人名用漢字，かたかな，ひらがなで書いてください。子が外国人のときは，原則かたかなで書くとともに，住民票の処理上必要ですから，ローマ字を付記してください。

よみかたは，戸籍には記載されません。住民票の処理上必要ですから書いてください。

□には，あてはまるものに☑のようにしるしをつけてください。

筆頭者の氏名には，戸籍のはじめに記載されている人の氏名を書いてください。

子の父または母が，まだ戸籍の筆頭者となっていない場合は，新しい戸籍がつくられますので，この欄に希望する本籍を書いてください。

届け出られた事項は，人口動態調査（統計法に基づく基幹統計調査，厚生労働省所管）にも用いられます。

※出生届の手続について，悩みや困りごとがあれば，お近くの市区町村又は法務局にご相談ください。
　出生届を届け出なければ，その子の戸籍がつくられず，不利益を被るおそれがあります。
　詳しくは法務省のホームページをご覧ください。　🔍無戸籍　法務省

婚姻の解消後300日以内に生まれた子の非嫡出の出生届

離婚後300日以内に出生した子について，離婚後の懐胎である旨の証明書を添付して母から嫡出でない子として非本籍地の市区町村長に届出がされた事例

出 生 届	受理 令和 5 年10月17日	発送 令和 5 年10月17日
	第 8921 号	
令和 5 年10月17日 届出	送付 令和 年 月 日	東京都豊島区 長印
	第 号	
東京都豊島区 長 印	書類調査 戸籍記載 記載調査 調査票 附票 住民票 通知	

届出地の市町村で届書を受領した日を記入します。

届書を他市町村へ送付するときに記入します。

送付を受けた市町村で届書が送付されてきた日を記入します。

(1)	子の氏名 （外国人のときは ローマ字を付記 してください）	（よみかた）へい の　こうたろう 氏 丙野　名 光太郎	父母との続き柄	□嫡出子 ☑嫡出でない子	（長）☑男 □女
(2)	生まれたとき	令和 5 年 10 月 7 日		☑午前 11 時 30 分 □午後	
(3)	生まれたところ	東京都豊島区○○3丁目 3		番地 番 3 号	
(4)	住 所 （住民登録をする ところ）	東京都豊島区○○町1丁目1番1号			
		世帯主の氏名 丙野二郎	世帯主との続き柄 子の子		
(5)	父母の氏名 生年月日 （子が生まれたと きの年齢）	父	母 丙野光子		
		年 月 日（満 歳）	平成10年 3 月 8 日（満 25 歳）		
(6)	本 籍 （外国人のときは 国籍だけを書い てください）	東京都府中市○○町○○		番地 番	
		筆頭者の氏名 丙野光子			
(7)	同居を始めたとき	年 月（結婚式をあげたとき，または，同居を始めたときのうち早いほうを書いてください）			
(8)	子が生まれたときの世帯のおもな仕事と	□1.農業だけまたは農業とその他の仕事を持っている世帯 □2.自由業・商工業・サービス業等を個人で経営している世帯 □3.企業・個人商店等（官公庁は除く）の常用勤労者世帯で勤め先の従業者数が1人から99人までの世帯（日々または1年未満の契約の雇用者は5） ☑4.3にあてはまらない常用勤労者世帯及び会社団体の役員の世帯（日々または1年未満の契約の雇用者は5） □5.1から4にあてはまらないその他の仕事をしている者のいる世帯 □6.仕事をしている者のいない世帯			
(9)	父母の職業	（国勢調査の年…の 年…の4月1日から翌年3月31日までに子が生まれたときだけ書いてください） 父の職業　　　　　　　母の職業			

その他	父母令和4年12月24日離婚届出 親権者は母である　懐胎時期に関する証明書添付

届出人	□1.父 ☑1.母 □2.法定代理人（ ）□3.同居者 □4.医師 □5.助産師 □6.その他の立会者 □7.公設所の長
	住 所 東京都豊島区○○町1丁目1番1号
	本 籍 東京都府中市○○町○○ 番地 筆頭者の氏名 丙野光子
	署 名 丙野光子 印 平成10年 3 月 8 日生 （※押印は任意）

事件簿番号	

届出は，子が出生した日から14日以内にしなければなりません。

届出当時の母の氏名を記入します。

届出当時の母の本籍を記入します。

婚姻の解消又は取消し後300日以内に出生した子は，婚姻中に懐胎したものと推定され，民法772条の嫡出推定が及ぶこととされていますので，母の前夫の嫡出子とする出生の届出をしなければならないことになります。しかしながら，婚姻の解消又は取消し後300日以内に生まれた子のうち，医師の作成した「懐胎時期に関する証明書」により，婚姻の解消又は取消し後の懐胎でることを証明することができる事案については，民法772条の推定が及ばないものとして，婚姻の解消又は取消し時の夫を父としない出生の届出を受理することとされています（平成19・5・7民一1007号通達）。そこで，当該出生届がされたときは，市町村長は，子の懐胎時期が婚姻の解消又は取消し後であるかどうかを審査する必要があります。

懐胎時期が婚姻の解消又は取消し後であるかどうかは，同証明書記載の「懐胎の時期」の最も早い日が婚姻の解消又は取消し後あるかどうかによって判断することとされています。

嫡出でない子は母の氏を称します。

① 子の名については，出生によって入籍すべき戸籍内にある者と同一の名を付けることは認められていません。
② 子の名には，常用平易な文字を用いなければなりません。常用平易な文字の範囲は，戸籍法施行規則で定められています。

嫡出でない子の場合は，母が届出をしなければなりません。

記入の注意

記 入 の 注 意

鉛筆や消えやすいインキで書かないでください。

子が生まれた日からかぞえて14日以内に提出してください。

子の本籍地でない市区町村役場に提出するときは、2通提出してください（市区町村役場が相当と認めたときは、1通で足りることもあります。）。2通の場合でも、出生証明書は、原本1通と写し1通でさしつかえありません。

子の名は、常用漢字、人名用漢字、かたかな、ひらがなで書いてください。子が外国人のときは、原則かたかなで書くとともに、住民票の処理上必要ですから、ローマ字を付記してください。

よみかたは、戸籍には記載されません。住民票の処理上必要ですから書いてください。

□には、あてはまるものに☑のようにしるしをつけてください。

筆頭者の氏名には、戸籍のはじめに記載されている人の氏名を書いてください。

出 生 証 明 書

子 の 氏 名	丙野光太郎	男女の別	①男 2女		
生まれたとき	令和 5 年 10月 7 日		⑩午前 午後	11 時 30 分	
(10) 出 生 し た ところ及び その 種 別	出生したところの 種 別	①病院 2診療所 3助産所 4自宅 5その他			
	出生した ところ	東京都豊島区 ○○3丁目10番 番地 1 号			
	(出生したところ の種別1～3) 施設の名称	豊島第一病院			
(11) 体重及び身長	体重 3,010 グラム		身長 51. センチメートル		
(12) 単胎・ 多胎の別	①単胎 2多胎（ 子中第 子）				
(13) 母 の 氏 名	丙野光子	妊娠 週数	満40週 日		
(14) この母の出産 した子の数	出生子（この出生子及び出生後 死亡した子を含む）			1 人	
	死産児（妊娠満22週以後）			胎	
(15) ①医師 2助産師 3その他	上記のとおり証明する。 令和 5 年 10月 7 日				
	(住所) 東京都豊島区○○3丁目10			番地 番 1 号	
	(氏名) 大谷秋子 印				

記入の注意
記入の注意

夜の12時は「午前0時」、昼の12時は「午後0時」と書いてください。

体重及び身長は、立会者が医師又は助産師以外の者で、わからなければ書かなくてもかまいません。

この母の出産した子の数は、当該母又は家人などから聞いて書いてください。

この出生証明書の作成者の順序は、この出生の立会者が例えば医師・助産師ともに立ち会った場合には医師が書くように1、2、3の順序に従って書いてください。

子の父または母が、まだ戸籍の筆頭者となっていない場合は、新しい戸籍がつくられますので、この欄に希望する本籍を書いてください。

届け出られた事項は、人口動態調査（統計法に基づく基幹統計調査、厚生労働省所管）にも用いられます。

※出生届の手続について、悩みや困りごとがあれば、お近くの市区町村又は法務局にご相談ください。
出生届を届け出なければ、その子の戸籍がつくられず、不利益を被るおそれがあります。
詳しくは法務省のホームページをご覧ください。 🔍無戸籍 法務省

懐胎時期に関する証明書（平成19・5・7民一第1007号民事局長通達別紙）

（別紙）
懐胎時期に関する証明書

子の氏名	丙野光太郎
男女の別	① 男 2 女
生まれたとき	令和 5 年 10 月 7 日　⑪午前　午後　11 時 30 分
母の氏名	丙野光子
母の住所　（※）	
母の生年月日　（※）	昭和・平成　　年　　　月　　　日

※　診断をしたが出産に立ち会わなかった医師が，本証明書を交付する場合
　には，「子の氏名」・「男女の別」・「生まれたとき」の代わりに「母の住
　所」・「母の生年月日」を記載すること。

上記記載の子について
　懐胎の時期（推定排卵日）は，令和　5　年　1　月　4　日から令和
　5　年　2　月　1　日までと推定される。

算出根拠（1．2．3．のいずれかに丸印をつけてください）
1．出生証明書に記された出生日と妊娠週数から逆算した妊娠2週0日に相
　当する日は令和5年1月18日であり，この期日に前後各14日間ずつを加
　え算出した（注）。妊娠週日（妊娠週数）は，妊娠8週0日から妊娠11
　週6日までの間に計測された超音波検査による頭殿長を考慮して決定され
　ている。
　（注）医師の判断により，診断時期，診断回数等からより正確な診断が可
　　　能なときは，前後各14日間より短い日数を加えることになる。
2．不妊治療に対して行われる生殖補助医療の実施日を基に算出した。
3．その他（具体的にお書きください）
　　　（　　　　　　　　　　　　　　　　　　　　　　　　　　　　）

令和　5　年　10　月　15　日

　　　　　　医師　　　（住所）東京都豊島区〇〇3丁目10番
　　　　　　　　　　　　　　1号
　　　　　　　　　　　（氏名）大谷秋子　　　　　　　　　印

　※　この証明書は，婚姻の解消又は取消後300日以内に出生した子の出
　　生届に添付するために医師が作成するものです。

・・

第1　概説

　民法779条は,「嫡出でない子は,その父又は母がこれを認知することができる。」と規定しています。認知とは,婚姻外に出生した子,すなわち嫡出でない子をその事実上の父又は母が自分の子であると認め,それによって法律上の親子関係を発生させようとする行為であるとされます(南敏文編著『改訂　はじめての戸籍法』(日本加除出版,2000年)102頁)。

　民法の規定からすれば,母と嫡出でない子の母子関係についても,母がその子を自己の子であると認める認知の届出をしなければ発生しないということになりますが,判例は,かつて,法律上の母子関係が生じるためには,母の認知が必要であるとし,認知をしない限り,分娩の事実が明白でも法律上の母子関係を生じないとしていました(大判大正10・12・9民録27輯2100頁)。しかし,その後の判例により,「母とその非嫡出子との間の親子関係は,原則として,母の認知をまたず,分娩の事実により当然発生する」ものとされました(最判昭和37・4・27民集16巻7号1247頁)。戸籍の実務でも,この考え方による取扱いがされています。一方,父と嫡出でない子との法律上の親子関係については,生理上の父子関係の存在を前提として,認知によって成立するとされています。

第2　認知の届出・審査に必要な知識

　認知には,事実上の父(又は母)が自発的に嫡出でない子を認知する任意認知と,父又は母が自発的に認知をしない場合に,子の側から裁判によって強制的に認知をさせる強制認知(裁判認知)とがあります。

1　任意認知

(1)　実質的要件

　ア　認知は,生物学上の父子関係という自然血縁的事実がなければなりません

　　民法779条は,「嫡出でない子は,その父又は母がこれを認知することができる。」と規定して,嫡出でない子と父との間の法的親子関係は,専ら認知という事実によって生ずるとしています。すなわち,認知は生物学上の父子関係を法律上の父子関係に高め,かつこれを確定するものであるから,その基盤ともいうべき生物学上の父子関係がなければ認知に効力はないとされています(裁判所職員

総合研修所監修『親族法相続法講義案（七訂補訂版）』（司法協会，2015年）110頁）。

　イ　認知者である父が意思能力を有していなければなりません

　　認知をするには，認知者が意思能力を有していることが必要です（民法780条）。父が成年被後見人・未成年者であっても認知の意味内容を判断する意思能力を有していれば，法定代理人の同意を得ないで認知し得るとされています（同条，戸籍法32条）。

　ウ　成年の子を認知するには，その承諾を得なければなりません

　　認知は，認知者（父）の単独行為であるから，原則として，認知される者の承諾を要しないとされていますが，成年の子を認知するには，その承諾を得なければならないとされています（民法782条）。

　エ　胎児を認知する場合には，母の承諾を得なければなりません

　　父は胎児でも認知することができますが，この場合には，母の承諾を得ることを要します（民法783条1項）。

　オ　死亡した子を認知する場合に，その子に直系卑属があるかどうか，その直系卑属が成年者であるときは，その承諾を得なければなりません

　　子が死亡した後には，その子に直系卑属があるときに限って認知をすることができます（民法783条2項前段）。この場合に，直系卑属が成年者であるときは，その承諾を得なければならないとされています（同項後段）。

(2) 形式的要件

　　嫡出でない子を認知するには，民法は戸籍法の定めるところに従って，市町村長に届け出ることを要し（民法781条1項），その届出の受理によって効力が生じます。任意認知の届出は創設的届出です。

　　また，認知は遺言によってもすることができます（同条2項）。

　ア　届出事項

　　任意認知の届書には，戸籍法29条が掲げる一般的記載事項のほか，次の事項を記載しなければなりません（同法60条）。

　　　①届出事件名
　　　②届出年月日
　　　③届出人（認知者）の出生年月日，住所及び戸籍の表示
　　　④被認知者の氏名，出生年月日，住所及び戸籍の表示
　　　⑤届出人の資格（以上戸籍法29条）
　　　⑥父が認知をする場合には，母の氏名及び本籍（戸籍法60条1号）
　　　⑦死亡した子を認知する場合には，死亡の年月日並びにその直系卑属の氏名，出生の年月日及び本籍（同条2号）

イ　届出地

　届出は，認知者若しくは被認知者の本籍地，又は届出人である認知者の所在地の市町村長に届け出ることを要します（戸籍法 25 条）。

ウ　添付書類

　認知について，成年の子を認知する場合のその成年の子の承諾を証する書面（民法 782 条）及び死亡した子を認知する場合のその子の成年者である直系卑属の承諾を証する書面（同法 783 条 2 項）を添付します。ただし，承諾した者に，届書に承諾する旨を付記して署名させるだけでも足りるとされています（戸籍法 38 条 1 項）。

2　胎児認知

　父は母の胎内にある子でも認知することができます（民法 783 条 1 項）。この胎児認知は，胎児が出生した時に，その効力を生じます。

　胎児認知の成立要件は，次のとおりです。

(1)　実質的要件

ア　母の胎内にある子を認知する場合には，母の承諾を得なければなりません（民法 783 条 1 項）

イ　胎児認知は，届出又は遺言によってすることができます（民法 781 条）

　胎児認知も，任意認知ですので，任意認知について求められる要件を満たすことが必要です。すなわち，認知者は，被認知胎児の事実上の父であること，また，認知はその父自身の意思によってすることを要します（木村三男・神崎輝明『全訂　戸籍届書の審査と受理』（日本加除出版，2019 年）234 頁）。

ウ　子の出生前に認知すること

　市町村長は，胎児認知の届出を受理した場合，戸籍の受付帳には記載しますが，戸籍への記載は，出生の届出を待ってすることとされています。

(2)　形式的要件

ア　届出事項

　胎児認知の届書には，戸籍法 29 条に掲げる一般的記載事項のほか，胎児認知である旨，母の氏名及び本籍を記載します（同法 61 条）。

イ　届出地

　届出地は母の本籍地に限ります（戸籍法 61 条）。

ウ　添付書類

　母の承諾書を添付します（民法 783 条 1 項，戸籍法 38 条 1 項本文）。承諾書に代えて，母が胎児認知の届書に承諾する旨を付記し署名することもできます（同項ただし書）。

　なお，認知された胎児が死産となったときは，認知の効力は生じません。この

場合は，胎児が出生したと仮定した場合にその出生の届出義務者となるべき者は，その事実を知った日から14日以内に，認知の届出地で，死産の旨を届け出なければならないとされています（戸籍法65条）。

③ 遺言認知

認知は，届出によるほか，遺言によってすることもできます（民法781条2項）。

この遺言によってする認知は，何らかの事情で父が生存中に認知をすることができない場合に，遺言によって認知をしようとするもので，遺言が効力を生じた時（遺言者たる父が死亡した時）に認知の効力が生ずるとされます（民法985条1項，民事法務協会編『新版実務戸籍法』（民事法務協会，2001年）108頁）。遺言認知の効力が生じた場合には，遺言執行者は，就職の日から10日以内に，認知に関する遺言の謄本を添付して，任意認知又は胎児認知の届出に関する規定に従って，届出をしなければなりません（戸籍法64条）。この届出は報告的届出です。

④ 強制認知

父が任意認知をしないときは，訴えによってその意思に反しても，認知を請求することができます（民法787条本文）。この訴えでされる認知が強制認知です。この訴えの原告となり得るのは子，その直系卑属又はこれらの者の法定代理人です（同条）。子は行為能力がなくても意思能力さえあれば，法定代理人の同意を得ることなく独立して訴えを提起することができるとされています（裁判所職員総合研修所監修『親族法相続法講義案（七訂補訂版）』（司法協会，2015年）115頁）。子の直系卑属は，子の死亡後においてのみ訴えを提起することができるとされ，法定代理人は，代理人たる資格で訴えを提起することができるとされています（前掲書）。なお，胎児及びその母は強制認知を求める適格を有しないとされています（前掲書116頁）。

父（又は母）の生存中はいつでも訴えを提起することができますが，被告となるべき父（又は母）が死亡した後には検察官を相手方として訴えを提起します（人事訴訟法42条）。父（又は母）が死亡した日から3年を経過したときは，もはや訴えを提起することはできないとされています（民法787条ただし書）。

認知の訴えの性質については，その判決の効力が第三者に及ぶこと，認知によって嫡出でない子と事実上の親との間に法律上の親子関係が創設されることを主たる理由に，形成の訴えであるとみるのが通説であり，判例もこれを支持しているとのことです（前掲書117頁）。

強制認知は，認知請求を認容する合意に相当する審判又は判決の確定によってその効力を生じます。訴えを提起した者は，審判又は判決が確定した日から10日以内に，裁判の謄本を添付してその旨を届け出ることを要し，もしその届出がないときは，相手方がその届出をすることができます（戸籍法63条）。その届出は，報告的届出です。

　届書には，任意認知の届書の記載事項のほか，審判又は判決が確定した日を記載しなければなりません（戸籍法 63 条 1 項後段）。届出地は，戸籍の届出地に関する一般通則によります（同法 29 条）。

⑤　戸籍法 62 条の届出

　父から認知されていない嫡出でない子の父母が婚姻した後に，父が認知をするとその子は嫡出子たる身分を取得します（民法 789 条 2 項）。これを認知準正といいます。また，戸籍法 62 条は，認知準正によって嫡出となるべき子につき，婚姻後「父母が嫡出子出生の届出をしたときは，その届出は，認知の届出の効力を有する」と規定しています。

(1)　届出人

　戸籍法 62 条の届出をすることができるのは，父のみです。父の死亡後は，この届出をすることはできないとされています（前掲書）。

(2)　認知の要件の具備

　この嫡出子出生届には認知の効力が認められるので，この届出をするには，認知に関する実質的要件を具備していることを要することとされています（前掲書 120 頁）。例えば，成年に達した子について，何らかの事情で出生届未了であって，この出生届をするには，その子の承諾がなければならないとされますし（民法 782 条，昭和 43・4・5 民事甲 689 号回答），既に死亡した出生届未了の子について，この出生届をするには，死亡した子に直系卑属がなければならず（大正 6・3・6 民 197 号回答），その直系卑属が成年に達しているときは，その承諾がなければならないとされています（同法 783 条 2 項）。

(3)　父母の婚姻

　この嫡出子出生の届出は，父母の婚姻成立後に届出をすることも要件の一つです。

第3　認知無効の訴え

　現行民法の下では，認知が血縁の事実に反する場合には，その認知は無効とされ，子その他の利害関係人が当該認知の無効を主張することができるものとされていました（現行民法 786 条）。しかし，現行民法 786 条のような規律では，主張権者が広範で，無効を主張することができる期間にも制限がないため，子の身分関係がいつまでも安定せず，嫡出否認の訴えについてその提訴権者及び出訴期間に厳格な制限が設けられていることとの均衡を欠くとの指摘があったとのことです（民事月報 78 巻 7 号 17 頁）。

　そこで，「民法等の一部を改正する法律」（令和 4 年法律第 102 号。以下，改正後の民法を「改正民法」という。）では，認知の無効の訴えの提訴権者を子，その法定代理人，認

知をした者及び子の母限定すると共に，認知の無効の訴えの出訴期間に制限を設けること
として，認知をした者については認知の時から，子又はその法定代理人及び母については
認知を知った時から，それぞれ7年とされました（改正後民法786条1項）。

第4　認知届の審査上の留意点

　認知とは，婚姻外に出生した子，すなわち嫡出でない子をその事実上の父又は母が自分
の子であると認め，それによって法律上の親子関係を発生させようとする行為です。

　認知届書を受理するにあたっては，認知される子と認知者との間に真実の親子関係が存
在し，認知者が意思能力を有し，その真正な意思に基づき適法な手続で認知されたことを
審査しなければなりません。

　認知届書の審査に当たって留意すべき事項を挙げれば，次のとおりです。

(1) 認知が戸籍法の定める認知の届出により行われているか

　　民法は，認知を要式行為としています。すなわち，認知は，戸籍法の定める届出
により行うと定めています（民法781条1項）。具体的には，任意認知の届書には，
戸籍法29条に掲げる一般的記載事項のほか，父が認知する場合には，母の氏名及
び本籍を記載しなければならないとされています（戸籍法60条1号）。

(2) 届出の際の届出事件本人の確認及び不受理申出の有無の確認

　　市町村長は，届出によって効力を生ずべき認知の届出が市役所又は町村役場に出
頭した者によってされる場合には，当該出頭した者に対し，法務省令で定めるとこ
ろにより，当該出頭した者が届出事件の本人であるかどうかの確認をするため，当
該出頭した者を特定するために必要な氏名その他の法務省令で定める事項を示す運
転免許証その他の資料の提供又はこれらの事項についての説明を求めることとされ
ています（戸籍法27条の2第1項）。

　　また，何人もその本籍地の市町村長に対し，あらかじめ，法務省令で定める方法
により，自らを届出事件の本人とする認知等の届出がされた場合あっても，自らが
市役所又は町村役場に出頭して届け出たことを確認することができないときは，当
該届出を受理しないよう申し出ることができるとされています。市町村長は，不受
理申出に係る認知等の届出があった場合において，当該申出をした者が市役所又は
町村役場に出頭して届け出たことを確認することができなかったときは，当該認知
等の届出を受理することができないとされています（戸籍法27条の2第3項，4
項）。

　　そのようなことから，認知届出について不受理申出がされているか否かを確認の
うえ，受否の判断をしなければなりません。

(3)　被認知者が成年に達している場合のその者の承諾の有無

　　成年に達している子を認知するには，その承諾を得なければなりません（民法782条）。そこで，認知しようとする子が成年に達しているときは，その届書に承諾を証する書面が添付されているかどうか，又はこれに代えて届書に承諾をする旨が付記されて署名がされているかどうかを審査しなければなりません（戸籍法38条1項）。

(4)　死亡した子を認知する場合，その子に直系卑属がいるかどうか，直系卑属がいる場合にその直系卑属が成年者であるかどうか

　　死亡した子でも，その子に直系卑属があるときに限り，認知することができます（民法783条2項前段）。この場合に，その直系卑属が成年者であるときは，その直系卑属の承諾を得なければなりません（同項後段）。これらの要件を審査するために，当該届書には，一般的記載事項（戸籍法29条）のほかに，死亡した子の死亡の年月日並びにその直系卑属の氏名，出生の年月日及び本籍を記載して届け出なければなりません（同法60条2号）。市町村長は，これらの記載事項によって認知ができるのかどうかを審査しなければなりません。

(5)　胎児認知の場合に，母の承諾があるか，また，届出が母の本籍地になされているかどうか

　　胎児を認知しようとするときは，母の承諾を得なければなりません（民法783条1項後段）。届書には，母の承諾書を添付することを要します（戸籍法38条1項本文）。また，承諾書に代えて，母に届書に承諾をする旨を付記させて，署名させることでも足りるとされています（同項ただし書）。なお，胎児認知の届出地は，母の本籍地に限られています（同法61条）ので，届書に母の承諾を証する書面が添付されているかどうかを審査するとともに，届出が母の本籍地にされているかどうかを調査して受否を決定する必要があります。

(6)　強制認知の届書に裁判確定の年月日が記載されているか，その年月日は添付の確定証明書記載の年月日と相違していないか

　　強制認知は，審判又は判決の確定によってその効力を生じます。訴えを提起した者は，判決等が確定した日から10日以内に判決又は審判の謄本及びこれらの確定証明書を添付して届け出ることを要します。

　　訴えを提起した者から届出がされないときは，相手方がその届出をすることができるとされています（戸籍法63条）。届書には，一般的記載事項（同法29条）のほか，判決又は審判が確定した年月日を記載するものとされています（同法63条1項）。

　　市町村長は，届書に判決又は審判が確定した年月日が記載されているか，また，その年月日が添付の確定証明書記載の年月日と相違していないかどうかを審査する必要があります。なお強制認知の届出においては，訴えを提起した者が届出義務者

とされていますので（戸籍法63条1項），届出義務者からの届出であるかどうかを審査します。訴えを提起した者の相手方から届出がされた場合には，届出期間が経過しているかどうかを審査する必要があります。

第5　戸籍の処理

(1)　認知によっては，子の氏は，当然には変わらないとされていますので，認知者である父及び被認知者である子の双方の身分事項欄に認知に関する事項（戸籍法施行規則35条2号）が記載されるのみです。なお，子については父欄に父（認知者）の氏名を記載します（戸籍法13条4号）。

(2)　認知された子が，父母の戸籍に入籍するには，家庭裁判所の子の氏変更の許可を得て入籍の届出をする必要があります（民法791条1項〜3項，戸籍法98条1項）。

(3)　準正により嫡出の身分を取得した子は，当然には父母の氏を称しないものとされており，子が父母の戸籍に入籍するには，入籍の届出を要するものとされています。この場合に，父母が婚姻中であるときは，家庭裁判所の許可は要しないとされています（民法791条2項）。ただし，父母の氏を称しようとする者に配偶者がある場合は，配偶者とともに届出なければならないとされています（戸籍法98条2項）。

任意認知届

父から子の本籍地の市町村長に認知届があり，子の本籍地に送付された事例

受理 令和 5 年10月15日	発送 令和 5 年10月15日	これは謄本である
第 5208 号		東京都府中市 長印
送付 令和 5 年10月17日		
第 6512 号		

届出地の府中市で届書を受領した日を記入します。

届書を子の本籍地である八王子市へ送付するときに記入します。

送付を受けた八王子市で届書が送付されてきた日を記入します。

認 知 届

令和 5 年10月15日 届出

東京都府中市 長 殿

	認 知 される 子		父母との続き柄	認 知 する 父	
（よみかた）	おつ かわ	ひで お		こう の	けん いち
氏 名	乙川	英雄	☑男 長 □女	甲野	健一
生 年 月 日	令和4年 月 4 日			平成7年 6 月 20 日	
住 所 （住民登録をしているところ）	東京都八王子市○○町 1丁目1番1号			東京都府中市○○町 1丁目2番3号	
	世帯主の氏名 乙川春子			世帯主の氏名 甲野健一	
本 籍 （外国人のときは国籍だけを書いてください）	東京都八王子市○○町 1丁目1番地番			東京都府中市○○町 1丁目2番地番	
	筆頭者の氏名 乙川春子			筆頭者の氏名 甲野健一	

認知前の続柄を記入します。

任意認知は，戸籍法の定めるところによって届け出ることによって効力が生ずる創設的届出です。

認 知 の 種 別	☑任意認知	□審判 年 月 日確定
	□遺言認知（遺言執行者 年 月 日 就職）	□判決 年 月 日確定

子 の 母	氏 名 乙川春子	平成9年 8 月 16 日生
	本 籍 子と同じ	番地番
	筆頭者の氏名 乙川春子	

その他	☑未成年の子を認知する □成年の子を認知する □死亡した子を認知する □胎児を認知する

届出人	☑父 □その他（ ）	
	住所 東京都府中市○○町1丁目2番3号	
	本籍 東京都府中市○○町1丁目2番地番 筆頭者の氏名 甲野健一	
	署名 （※押印は任意） 甲野健一 印	平成7年 6 月 20 日生

該当するところに「☑」印をつけます。

届出地

任意認知の届出は，認知者若しくは被認知者の本籍地又は届出人である認知者の所在地の市町村長にしなければなりません（戸籍法25条）。
胎児認知の届出地は母の本籍地に限ります（戸籍法61条）。

届書の記載

任意認知の届書には，戸籍法29条が掲げる一般的記載事項のほか，①父が認知をする場合には，母の氏名及び本籍，②死亡した子を認知する場合には，死亡の年月日並びにその直系卑属の氏名，出生の年月日及び本籍を記載しなければなりません（戸籍法60条1号）。

任意認知の場合は，認知する者が認知届をしなければなりません。遺言による認知の場合は，遺言執行者が認知に関する遺言の謄本を添付して届出をしなければなりません（戸籍法64条）。

添付書類

成年の子の認知には，認知される子の承諾が必要です（民法782条）。また，死亡した子に対する認知は，死亡した子に直系卑属があるときに限って認められます。この場合，その直系卑属が成年に達しているときには，その承諾が必要です（同法783条2項）。
また，胎児認知の場合は，母の承諾を得なければなりません。いずれの場合も，承諾の方式は，届書に承諾を証する書面を添付するか，又は届書の「その他」欄に，認知されることを承諾する旨の付記をして署名する必要があります。

任意認知

任意認知とは，父が嫡出でない子を，その意思に基づいて，自発的に自己の子であることを認めることをいいます。

裁判認知（強制認知）届

裁判認知の届出が子の本籍地にあった事例

認 知 届

令和 5 年 9 月 21 日 届出

東京都千代田区 長 殿

受理	令和 5 年 9 月 21 日	発送 令和 年 月 日
第	1287 号	長印
送付 令和 年 月 日		
第	号	
書類調査 戸籍記載 記載調査 附 票 住民票 通 知		

裁判（審判又は判決）確定の日から10日以内に届出をすることが必要です（戸籍法63条1項）。

	認 知 さ れ る 子	認 知 す る 父	
（よ み か た）	てい やま こう ぞう	おつ の た ろう	父母との続き柄
氏 名	丁山 広造	乙野 太郎	長 ☑男 □女
生 年 月 日	平成30年 11月 12日	昭和61年 5月 6日	
住 所 （住民登録をしているところ）	東京都千代田区○○町 1丁目4番5号 世帯主の氏名 丁山夏子	東京都八王子市○○町 3丁目3番3号 世帯主の氏名 乙野太郎	
本 籍 （外国人のときは国籍だけを書いてください）	東京都千代田区○○町 1丁目4番 筆頭者の氏名 丁山夏子	東京都八王子市○○町 3丁目3番 筆頭者の氏名 乙野太郎	

届出地は，戸籍の届出地に関する一般通則により，届出事件の本人の本籍地又は届出人の所在地でしなければなりません（戸籍法25条）。

認 知 の 種 別	□任意認知 □遺言認知（遺言執行者 年 月 日 就職）	☑審判 令和5年 9月 18日 確定 □判決 年 月 日 確定

認知の審判（又は判決）は，審判（又は判決）の確定によって認知の効力が発生するものですので，その届書には，審判（又は判決）が確定した年月日を記入しなければなりません（戸籍法63条1項後段）。

子 の 母	氏 名 丁山夏子 平成4年 3月 28日生
	本 籍 東京都千代田区○○町1丁目4番地
	筆頭者の氏名 丁山夏子

そ の 他

☑未成年の子を認知する □成年の子を認知する □死亡した子を認知する □胎児を認知する

添付書類
審判の謄本及び確定証明書

届 出 人	□父 ☑その他（子の親権者 母）
住 所	東京都千代田区○○町1丁目4番5号
本 籍	東京都千代田区○○町1丁目4番地 筆頭者の氏名 丁山夏子
署 名 （※押印は任意）	丁山夏子 印 平成4年 3月 28日生

該当するところに「☑」印をつけます。裁判上の認知は，審判（又は判決）が確定することによって認知の効力が発生しますので，認知の訴えを提起した者は，届出に当たっては，審判（又は判決）の謄本のほかその確定証明書を添付すべきものとされています。

届出人は，審判（又は裁判）の申立人です（戸籍法63条1項）。同人から，10日以内に届け出がないときは，相手方（父）から届出ができます（同条2項）。

第4章 婚姻届

第1 概説

　婚姻が成立するためには，民法731条ないし736条に定める要件を具備する男女間に，婚姻をするについての自由な合意のあることを必要としています（裁判所職員総合研修所監修『親族法相続法講義案（七訂補訂版）』（司法協会，2015年）40頁）。これが婚姻の実質的要件であるとされます。また，民法739条1項は，「婚姻は，戸籍法の定めるところにより届け出ることによって，その効力を生ずる」と規定しています。この届出が婚姻の形式的要件であるとされています（前掲書46頁）。

　届出は，戸籍事務管掌者である市町村長に対して，当事者双方及び成年の証人2人以上から，口頭又は署名した書面でしなければならないとされています（民法739条2項）。

　届出がなされた場合，市町村長は，戸籍簿，届書及び添付書類の記載から，それが形式的要件及び実質的要件を具備しているか否かを審査し，法令に違反していないことを認めた後でなければ，これを受理することはできないとされています（民法740条）。

第2 婚姻の届出・審査に必要な知識

　婚姻が成立するためには，実質的要件及び形式的要件の双方を充たす必要があります。前者は，当事者間に婚姻をするについて意思の合致があること（民法742条1号参照）及び民法731条から736条までに定める婚姻障害のないことであり，後者は，戸籍法の定めるところにより届け出ることです（民法739条）。

　なお，女性の再婚禁止期間を定める現行民法733条は，「民法等の一部を改正する法律」（令和4年法律第102号。以下，改正後の民法を「改正民法」という。）により削除されています。

1 実質的成立要件

(1) 婚姻意思が存在すること

　　民法は，婚姻は人違いその他の事由によって当事者間にその意思がないときは，無効であるとしています（民法742条1号）。この婚姻意思について判例は，社会観念に従い，客観的に夫婦とみられる生活共同体の創設を真に欲する効果意思であるとしています（最判昭和44・10・31民集23巻10号1894頁）。これに従えば，①当事者の双方又は一方に婚姻意思がないのに，その双方又は第三者が勝手に届出

をした場合，及び②双方ともに婚姻意思がないのに何らかの目的を達するための方便として，合意の上届出をした場合は，その婚姻は無効ということになります。婚姻意思があるとされるためには，意思能力を有することが前提です。成年被後見人でも，意思能力を回復しているときには，成年被後見人自身が届出をすることができるとされています（民法738条，戸籍法32条）。婚姻意思がどの時点で必要かについては，原則として，婚姻の届出時とされています（本山敦編著『逐条ガイド親族法』（日本加除出版，2020年）40頁）。

(2) 婚姻適齢に達していること（民法731条）

　婚姻は，18歳にならなければすることはできません（民法731条）。本条は，平成30年法律第59号により改正される前は，男性は18歳に，女性は16歳にならなければ婚姻することができないとされていました。改正後の民法では，成年年齢が18歳に引き下げられるとともに，婚姻年齢も男女共に18歳に統一されました。

(3) 重婚でないこと（民法732条）

　配偶者のある者は，重ねて婚姻をすることができないとされています（民法732条）。重婚が生じ得るのは，市町村長が誤って二重の婚姻届を受理した場合とか，離婚後に再婚したところ，離婚が無効又は取消しとなった場合などの極めて異例な場合に限られます。

　悪意で重婚した者は，重婚罪として刑事上の処罰を受けます（刑法184条）。

(4) 再婚禁止期間を経過していること（民法733条1項）

　現行民法733条1項は「女は，前婚の解消又は取消しの日から起算して100日を経過した後でなければ，再婚をすることができない」と規定しています。この再婚禁止期間の定めは，再婚後に生まれた子について，前夫の嫡出推定と再婚後の夫の嫡出推定との重複を回避することを目的とするものであるとされます。

　今般，「民法の一部を改正する法律」（令和4年法律第102号）による嫡出推定制度の見直しにより，取消しの日から300日以内に生まれた子について，母の再婚前に生まれた子は前夫の子と推定され，母の再婚後に生まれた子は再婚後の夫の子と推定されることになるため（改正民法772条3項），嫡出推定の重複により父が定まらない事態は生じないこととなることから，女性の再婚禁止期間に関する民法733条の適用は不要となるとして，同条は削除されました（令和6年4月1日施行）。

　なお，現行民法773条は，再婚禁止期間の定めに違反して再婚した女性が出産し，父性推定が重複した場合における，父子関係確定のための手続について定める規定ですが，同規定は，民法732条に違反して重婚をした女性が出産した場合の父子関係確定のための手続についても，類推適用されるものと解されてきたとのことです。そこで改正民法では，重婚がされた場合に適用される規律であることを明確にするように文言が改められ，存置することとされています（民事月報78巻5号20頁）。

(5) 近親者間の婚姻でないこと（民法 734 条，735 条，736 条）

　　近親者間の婚姻として制限を受けるのは，次の場合です。

ア　優生学的理由による禁止

　　近親婚の制限については，優生学的見地から，直系血族又は 3 親等内の傍系血族の間の婚姻が禁止されています。ただし，養子と養方の傍系血族の間では婚姻することが認められています（民法 734 条）。

　　また，特別養子縁組の場合，養子と実方の父母及びその血族との親族関係は，特別養子縁組によって終了しますが，婚姻障害に関しては実方親族との近親関係は残るとして，特別養子縁組成立前に直系血族又は 3 親等内の傍系血族の関係があった者の間での婚姻は禁止されています（民法 734 条 2 項）。

　　上記の近親者間での婚姻届を提出しても受理されません（民法 740 条）。

イ　道義的理由による禁止

　　直系姻族の間では，婚姻をすることができないとされています。離婚等により姻族関係が終了した後も元直系姻族の者同士での婚姻はすることができないとされています（民法 735 条）。

　　また，上記と同じ理由から，養子，その配偶者，養子の直系卑属又はその配偶者と養親若しくはその直系尊属の間では婚姻することはできず，離縁によって親族関係が終了した後でも婚姻することはできないとされています（民法 736 条）。

　　なお，該当者が婚姻を届け出ても受理されません（民法 740 条）。

② 形式的成立要件（届出）

(1) 概説

　　婚姻は，戸籍法の定めるところによりこれを届け出ることによって，その効力を生じます（民法 739 条 1 項）。すなわち，婚姻は，戸籍法所定の届出がされ，これが市町村長に受理されることによって成立します。

　　届出は，婚姻の当事者双方及び成年の証人 2 人以上が署名した書面で，又はこれらの者から口頭で，しなければなりません（民法 739 条 2 項）。

(2) 届書の記載事項

　　届書には，各届出に共通する事項（戸籍法 29 条）のほか，戸籍法及び戸籍法施行規則が定める次の事項を記載しなければなりません。なお，婚姻の届書の様式は，戸籍法施行規則附録第 12 号をもって定められています。

　　　　①夫婦が称する氏（戸籍法 74 条 1 号）
　　　　②夫婦について新戸籍を編製すべきときは，新戸籍（同法 16 条，30 条
　　　　　1 項）
　　　　③当事者が外国人であるときは，その国籍（戸籍法施行規則 56 条 1 号）

　　④当事者の父母の氏名及び父母との続柄並びに当事者が特別養子以外の養
　　　子であるときは，養親の氏名（同条2号）

　　⑤当事者の初婚又は再婚の別並びに初婚でないときは，直前の婚姻につい
　　　て死別又は離別の別及びその年月日（同条3号）

　　⑥同居を始めた年月（同条4号）

　　⑦同居を始める前の当事者の世帯の主な仕事及び国税調査実施年の4月
　　　1日から翌年3月31日までの届出については，当事者の職業（同条5
　　　号）

　　⑧当事者の世帯主の氏名（同条6号）

(3) 届出人

　届出人は婚姻当事者です（民法739条2項，戸籍法74条）。代理人による届出は認められません（戸籍法37条3項ただし書）。成年被後見人は，意思能力を回復しているときに限り，自己の意思に基づいて届出をすることができます（民法738条，戸籍法32条）。

(4) 証人

　婚姻の届出は，成年の証人2人以上が届書に出生の年月日，住所及び本籍を記載して，署名しなければならないとされています（民法739条2項，戸籍法33条）。証人となり得るのは，当事者以外の者であればよく，外国人であっても差し支えないとされています（昭和6・7・24民事794号回答）。

(5) 届出地

　届出は，届出事件の本人の本籍地又は届出人の所在地でしなければなりません（戸籍法25条1項）。婚姻の届出については，夫又は妻となる者の本籍地又はその所在地ということになります。この所在地には，届出人の住所地だけでなく，居所や一時滞在地も含まれます（明治32・11・15民刑1986号回答）。

(6) 添付書類

　市町村長は，届出の受理に際し，戸籍法の規定により届出人が明らかにすべき事項が明らかにされていないときその他戸籍の記載のために必要があると認めるときは，届出人，届出事件の本人その他の関係者に対し，質問をし，又は必要な書類の提出を求めることができるとされています（戸籍法27条の3）。

第3　婚姻届の審査上の留意点

❶　実質的要件の審査

(1)　届出事件本人の確認及び当事者に婚姻意思が存在することの確認

　　婚姻届の当事者の氏名等については，戸籍又は届書に添付された戸籍謄本の記載を照合して，同一性を確認します。また，婚姻意思については，届出人の署名欄に署名されているかどうか，及び証人欄の記載の有無により確認します。さらに，市町村長は，届出が市役所又は町村役場に出頭した者によってされる場合には，当該出頭した者に対し，当該出頭した者が届出事件の本人であるかどうかの確認をするため，また当該出頭した者を特定するために，必要な氏名その他の事項を示す運転免許証その他の資料の提供又はこれらの事項についての説明を求めるものとされています（戸籍法27条の2第1項）。また，婚姻届の不受理申出書が提出されているかどうかを調べます（同条3項）。

(2)　婚姻当事者は婚姻適齢に達しているか確認（民法731条）

　　当事者が婚姻適齢に達しているかどうかについては，届書と戸籍又はその謄抄本により生年月日を確認します。

(3)　重婚の有無の確認（民法732条）

　　重婚の有無についても，戸籍又はその謄抄本により審査します。当事者のいずれもが現に婚姻関係にない者であることを確認してから受理します。

(4)　女性が再婚する場合に，前婚の解消又は取消しの日から100日を経過しているか確認（民法733条）

　　現行民法733条1項は，「女は，前婚の解消又は取消しの日から起算して100日を経過した後でなければ，再婚をすることができない。」として，女性の再婚禁止期間を定めています。この再婚禁止期間の定めは，女性の再婚後に生まれた子について，前夫の嫡出推定と再婚後の夫の嫡出推定との重複を回避するものであると解されています。そのため，妻になる人の戸籍又は添付の戸籍謄本によって再婚禁止期間の経過の有無について，審査します。

　　ところで，改正民法772条の規定によれば，婚姻の解消又は取消しの日から300日以内に生まれた子について，母の再婚前に生まれた子は前夫の子と推定され，母の再婚後に生まれた子は再婚後の夫の子と推定されることになるため，嫡出推定の重複により父が定まらない事態は生じないこととなります。そこで，女性の再婚禁止期間に関する民法733条の適用は不要となるので，改正民法により同条は削除されました。

(5) 婚姻が近親者間の婚姻であるか確認（民法 734 条〜736 条）

　　民法は，①直系血族又は 3 親等内の傍系血族の間の婚姻，②直系姻族間の婚姻，③養親子等の間の婚姻，については，いずれの場合も婚姻届は受理されません。近親婚の制限についても，戸籍等で審査します。

② 形式的要件の審査

(1) 届出に，当事者双方及び成年の 2 人以上の証人の署名があるか確認

　　婚姻の届出は，書面による届出の場合には，当事者双方と成年の証人 2 人以上が署名した書面でしなければならないとされています（民法 739 条 2 項）。

　　この証人制度は，婚姻当事者の意思の真実性及び届出の正確性を担保するため，当事者間に婚姻について任意の合意があったことを第三者をして証明させる制度であるとされています。届書に承認の出生年月日，住所及び本籍を記載すべきものとされているのは，証人を特定する必要があるからであるとされます。特に出生年月日は，証人が成年であるかどうか，すなわち証人能力を有するか否かの審査のために欠かすことができません。

　　成年の証人 2 人以上の署名については，「証人」欄に署名があるかどうか，また，署名した証人が成年に達しているかどうかをその記載の生年月日で，判断します。

(2) 婚姻の届書に「夫婦が称する氏」の記載がなされているか確認

　　夫婦は，婚姻の際に定めるところに従って，夫又は妻の氏を称するとされています（民法 750 条）。このため，婚姻をしようとする者は，夫婦が称する氏を届書に記載して，届け出なければならず（戸籍法 74 条 1 号），婚姻関係が続く限り，必ず同一の氏を称しなければなりません。したがって，この記載の有無について審査を要します。

第4　戸籍の処理

　婚姻届が受理されると，原則として夫婦について新戸籍を編製します。しかし，夫婦が夫の氏を称する場合において夫が戸籍の筆頭に記載された者であるときは，妻は夫の戸籍に入り，また，妻の氏を称する場合において妻が戸籍の筆頭に記載された者であるときは，夫は妻の戸籍に入り，いずれも新戸籍を編製しません（戸籍法16条）。

　戸籍の記載順序は，新戸籍を編製する場合は，婚姻によって氏を改めなかった者を筆頭に記載し，氏を改めた者をその次に記載します（戸籍法14条）。

　婚姻に関する事項は，各人の身分事項欄に記載します。婚姻に関する事項は，婚姻の継続する限り，養子縁組・転籍等によって，新戸籍が編製される場合であっても，その新戸籍に移記しなければならないとされています（戸籍法施行規則39条1項4号）。

婚姻届

夫の氏を称する婚姻届が夫の本籍地の市町村長に届出され，妻の従前の本籍地に送付された場合

婚　姻　届

令和 5 年 10月10日 届出

東京都府中市　長殿

受理	令和 5 年 10月10日	発送	令和 5 年 10月13日
第	3012 号		府中市　長印
送付	令和 5 年 10月15日		
第	2816 号		
書類調査	戸籍記載	記載調査	調査票	附票	住民票	通知

		夫 に な る 人	妻 に な る 人
(1)	（よみかた）	こうの　いちろう	おつはら　たけこ
	氏　名	甲野　一郎	乙原　竹子
	生 年 月 日	平成5年 10月 8 日	平成7年 7 月 15日
(2)	住　所 （住民登録をしているところ）	東京都豊島区○○ 1丁目1番1号	東京都江東区○○町 1丁目2番3号
	世帯主の氏名	甲野一郎	乙原竹子
(3)	本　籍 （外国人のときは国籍だけを書いてください）	東京都府中市○○町 1丁目 6 番地	京都府上京区○○町 18 番地
	筆頭者の氏名	甲野太郎	乙原英雄
	父母及び養父母の 氏 名 父母との続き柄 （右記の養父母以外にも養父母がいる場合にはその他の欄に書いてください）	父　甲野太郎　続き柄 長男 母　甲野和子 養父　　　　続き柄 養母　　　　養子	父　乙原英雄　続き柄 長女 母　乙原松子 養父　　　　続き柄 養母　　　　養女
(4)	婚姻後の夫婦の 氏・新しい本籍	☑夫の氏　□妻の氏　新本籍（左の☑の氏の人がすでに戸籍の筆頭者となっているときは書かないでください） 東京都府中市○○町1丁目6 番地	
(5)	同居を始めた とき	令和5年 9 月 （結婚式をあげたとき、または、同居を始めたときのうち早いほうを書いてください）	
(6)	初婚・再婚の別	☑初婚　再婚（□死別　年 月 日　□離別）	☑初婚　再婚（□死別　年 月 日　□離別）
(7)	同居を始める 前の夫妻のそれ ぞれの世帯の おもな仕事と	夫 妻 1．農業だけまたは農業とその他の仕事を持っている世帯 夫 妻 2．自由業・商工業・サービス業等を個人で経営している世帯 夫 妻 3．企業・個人商店等（官公庁は除く）の常用勤労者世帯で勤め先の従業者数が1人から99人までの世帯（日々または1年未満の契約の雇用者は5） 夫☑ 妻☑ 4．3にあてはまらない常用勤労者世帯及び会社団体の役員の世帯（日々または1年未満の契約の雇用者は5） 夫 妻 5．1から4にあてはまらないその他の仕事をしている者のいる世帯 夫 妻 6．仕事をしている者のいない世帯	
(8)	夫妻の職業	（国勢調査の年…　年…の4月1日から翌年3月31日までに届出をするときだけ書いてください） 夫の職業　　　　　妻の職業	
	その 他		
	届出人署名 （※押印は任意）	夫　甲野一郎　印	妻　乙原竹子　印
	事件簿番号		

届出地の府中市で届書を受領した日を記入します。

届書を妻の本籍地である京都府上京区へ送付するときに記入します。

送付を受けた京都府上京区で届書が送付されてきた日を記入します。

婚姻は，戸籍法の定めるところによりこれを届け出ることによって，その効力が生ずる創設的届出です（民法739条1項）。

届出は夫又は妻となる者の本籍地又はその所在地の市町村長にしなければなりません（戸籍法25条1項）。

当事者の世帯主の氏名（戸籍法施行規則56条6号）を記載して届け出なければなりません。

当事者の父母の氏名及び父母との続柄並びに当事者が特別養子以外の養子であるときは，養親の氏名を記載して届け出なければなりません（戸籍法施行規則56条2号）。

婚姻をしようとする者は，夫婦が称する氏を届書に記載して届け出なければなりません（戸籍法74条1号）。
夫婦について新戸籍を編製すべきときは，新本籍を記載しなければなりません（戸籍法30条1項）。

同居を始めた年月を記入します（戸籍法施行規則56条4号）。

同居を始める前の当事者の世帯の主な仕事及び国勢調査実施年の4月1日から翌年3月31日までの届出については，当事者の職業を記載して届け出なければなりません（戸籍法施行規則56条5号）。

当事者の初婚又は再婚の別並びに初婚でないときは，直前の婚姻について死別又は離婚の別及びその年月日を記載して届け出なければなりません（戸籍法施行規則56条3号）。

婚姻によって嫡出子の身分を取得する子がある場合，その子の氏名，嫡出子の身分取得後の父母との続柄，出生年月日，本籍及び住所を「その他」欄に記載します。

届出人は婚姻当事者です（民法739条2項）。

鉛筆や消えやすいインキで書かないでください。

この届は、あらかじめ用意して、結婚式をあげる日または同居を始める日に出すようにしてください。その日が日曜日や祝日でも届けることができます。

夫になる人または妻になる人の本籍地に出すときは2通、そのほかのところに出すときは3通出してください（役場が相当と認めたときは、1通で足りることもあります。）。

この届書を本籍地でない役場に出すときは、戸籍謄本または戸籍全部事項証明書が必要ですから、あらかじめ用意してください。

証	人	
署　　　名 （※押印は任意）	丙川三郎　　㊞	丙川梅子　　㊞
生 年 月 日	昭和30年 8 月 5 日	昭和34年 12 月 2 日
住　　　所	東京都八王子市○○町 1丁目2番3号	東京都八王子市○○町 1丁目2番3号
本　　　籍	東京都八王子市○○町 1丁目2　番地番	東京都八王子市○○町 1丁目2　番地番

「筆頭者の氏名」には、戸籍のはじめに記載されている人の氏名を書いてください。

□には、あてはまるものに☑のようにしるしをつけてください。

外国人と婚姻する人が、まだ戸籍の筆頭者となっていない場合には、新しい戸籍がつくられますので、希望する本籍を書いてください。

再婚のときは、直前の婚姻について書いてください。

内縁のものはふくまれません。

届け出られた事項は、人口動態調査（統計法に基づく基幹統計調査、厚生労働省所管）にも用いられます。

成人の証人2人以上が届書に出生の年月日、住所及び本籍を記載して、署名しなければなりません（民法739条2項、戸籍法33条）。

婚姻の実質的成立要件

1　婚姻意思が存在すること

　　婚姻は人違いその他の事由によって当事者間にその意思がないときは無効とされています（民法742条1号）。

　　婚姻の意思は、届書を作成する時に存在しなければならないことはもとより、届書が提出される時にも存在することを要すると解されています。

2　婚姻適齢に達していること（民法731条）

　　男女ともに18歳にならなければ婚姻することができません。

3　重婚でないこと（民法732条）

4　再婚禁止期間を経過していること（民法733条）

　　女性が再婚するには、前婚の解消又は取消しの日から起算して100日を経過した後でなければなりません（令和6年4月1日改正により消除）。

5　近親者間の婚姻ではないこと（民法734条、735条、736条）

(1)直系血族又は3親等内の傍系血族の間では婚姻することができません。

(2)直系姻族の間では婚姻することはできません。

(3)養子若しくはその配偶者又は養子の直系卑属若しくはその配偶者と養親又はその直系尊属の間では、婚姻することはできません。

婚姻届

外国に在る日本人男女が所在国の方式に従って婚姻し，夫の氏を称する旨の申出書を添付して
婚姻の証書の謄本又は証明書を在外公館に提出し，夫の本籍地の市町村長に送付された事例

婚　姻　届	受理	令和 4 年 10 月 3 日	発送	令和　　年　　月　　日	
	第	258 号			受領印　　　　　長印
令和 4 年 10 月 3 日 届出	送付	令和 4 年 10 月 20 日			
	第	2451 号			

在ニューヨーク 総領事 長 殿	書類調査	戸籍記載	記載調査	調査票	附 票	住民票	通 知

外国に在る日本人同士が外国の方式で婚姻した場合には，その国の方式に従って作成された婚姻に関する証書の謄本又は婚姻の成立を証する書面を，婚姻成立の日から3か月以内に，その国に駐在する日本の大使，公使又は領事に提出しなければなりません（戸籍法41条）。

送付を受けた市町村で届書が送付されてきた日を記入します。

		夫 に な る 人	妻 に な る 人
(1)	（よ み か た）	こうやま　　いちろう	おつかわ　　きよこ
	氏　　名	甲山　　一郎	乙川　　清子
	生 年 月 日	平成 2 年 5 月 18 日	平成 2 年 9 月 2 日
(2)	住　　所	アメリカ合衆国ニューヨーク州	アメリカ合衆国ニューヨーク州
	（住民登録をしているところ）	ニューヨーク市10番街10番地	ニューヨーク市10番街10番地
		世帯主の氏名	世帯主の氏名
(3)	本　　籍	東京都千代田区平河町	東京都中野区○○
	（外国人のときは国籍だけを書いてください）	1丁目 4　　　番地	2丁目 2　　　番地
		筆頭者の氏名　甲山博一	筆頭者の氏名　乙川太郎
	父母及び養父母の氏名 父母との続き柄	父　甲山博一　　続き柄	父　乙川勝男　　続き柄
		母　甲山秋子　　長男	母　乙川より子　　長女
	右記の養父母以外にも養父母がいる場合にはその他の欄に書いてください	養父　　　　　続き柄	養父　　　　　続き柄
		養母　　　　　養 子	養母　　　　　養 女

外国での住民登録地を記入します。

(4)	婚姻後の夫婦の氏・新しい本籍	☑夫の氏　新本籍（左の☑の氏の人がすでに戸籍の筆頭者となっているときは書かないでください）
		□妻の氏　東京都千代田区平河町1丁目4　　　番地

(5)	同居を始めたとき	4 年 9 月	（結婚式をあげたとき，または，同居を始めたときのうち早いほうを書いてください）

(6)	初婚・再婚の別	☑初婚　再婚（□死別　年　月　日　□離別）	☑初婚　再婚（□死別　年　月　日　□離別）

(7)	同居を始める前の夫婦のそれぞれの世帯のおもな仕事と	夫　妻　1.農業だけまたは農業とその他の仕事を持っている世帯
		夫　妻　2.自由業・商工業・サービス業等を個人で経営している世帯
		夫　妻　3.企業・個人商店等（官公庁は除く）の常用勤労者世帯で勤め先の従業者数が1人から99人までの世帯（日々または1年未満の契約の雇用者は5）
		夫☑　妻☑　4.3にあてはまらない常用勤労者世帯及び会社団体の役員の世帯（日々または1年未満の契約の雇用者は5）
		夫　妻　5.1から4にあてはまらないその他の仕事をしている者のいる世帯
		夫　妻　6.仕事をしている者のいない世帯

(8)	夫妻の職業	（国勢調査の年…　年の4月1日から翌年3月31日までに届出をするときだけ書いてください）
		夫の職業　　　　　　妻の職業

外国に在る日本人同士が，外国の方式により婚姻し，報告的婚姻届として婚姻証書等を提出する場合には，夫婦の称する氏及び夫婦について新戸籍を編製すべきときにおける新本籍等を夫婦で協議した上で届け出なければなりません。

その他	令和4年9月28日アメリカ合衆国ニューヨーク州の方式により婚姻 婚姻証明書提出

届出人署名 （※押印は任意）	夫　甲山一郎　　印	妻　乙川清子　　印

事件簿番号	

報告的届出については，当事者の一方からでも届出をすることができますが，婚姻証書等により夫婦の称する氏等が明らかでないときは，夫婦の称する氏等については夫婦の協議によって定めて届出をする必要がありますので，夫婦共同で提出しなければなりません。

※報告的届出については，証人は不要とされていますので届書の証人欄への記載を要しません。

第5章 離婚届

第1 概説

　離婚とは，有効に成立した婚姻を，夫婦がその生存中に当事者の意思に基づいて解消することをいいます。当事者の一方が死亡したときにも婚姻は解消しますが，これは夫婦関係を人為的に消滅させるものではなく，当事者が欠けることによる婚姻の自然解消という点で，離婚とは異なります（裁判所職員総合研修所監修『親族法相続法講義案（七訂補訂版）』（司法協会，2015年）70頁）。

　離婚には，当事者の合意により離婚の届出をし，これが受理されることにより成立する協議離婚と，当事者間で離婚意思の合意がみられない場合に，裁判所の関与を得てする調停離婚，審判離婚，和解離婚，認諾離婚及び判決離婚があり，調停が成立したとき，和解が成立したとき，請求の認諾をしたとき，又は審判若しくは判決が確定したときに離婚の効果が生じます。

第2 協議離婚

1 離婚の届出・審査に必要な知識

　夫婦はその協議で離婚することができます（民法763条）。離婚が成立するためには，次に掲げる実質的要件及び形式的要件を共に具備することを必要としています。

(1) 実質的要件

ア 当事者間に離婚意思の合意があること

　協議離婚も，婚姻などと同様に，当事者双方に法律上の夫婦関係を解消することについての意思，すなわち，離婚意思の合致があることが必要であるとされています。協議離婚は，離婚する理由，動機のいかんは問いません。

　協議離婚をする者は，意思能力があることを要します。成年被後見人でも意思能力を回復していれば，成年後見人の同意を得ることなく，協議離婚をすることができます（民法764条，738条，戸籍法32条）。離婚意思は，届書作成の時点はもとより，その届出の時点においても存在することを要すると解されています。したがって，当事者の合意に基づいて離婚の届書が作成された後であっても，その届出前に離婚意思が撤回されたときは，後に届出がされてもその協議離婚は無効であるとされます（最判昭和34・8・7民集13巻10号1251頁）。

イ　不受理申出

　離婚の届出については，従前から夫婦の一方による不受理申出の取扱いが通達に基づいてなされていましたが，この取扱いが法律上の制度に高められています。すなわち，何人でも，その本籍地の市町村長に対し，あらかじめ，法務省令で定める方法により，自らを届出事件の本人とする離婚の届出がされた場合であっても，自らが出頭して届け出たことが確認することができない限り，届出を受理しないよう申し出ることができるとされています（戸籍法27条の2第3項）。その上で，市町村長は，この申出に係る離婚の届出があった場合において，当該申出をした者が出頭して届け出たことを確認することができなかったときは，その届出を受理することができないとされています（同条4項）。

ウ　父母の離婚による親権者指定

　協議離婚をする夫婦に未成年の子があるときは，その協議で，その一方を親権者と定めなければなりません（民法819条1項）。離婚届には，親権者と定められる父母の氏名及びその親権に服する子の氏名を記載しなければなりません（戸籍法76条1号）。

　親権者の指定について父母の協議が調わず，又は協議することができないときは，家庭裁判所に協議に代わる審判を請求し，（民法819条5項，家事事件手続法39条，別表第2の8の項），それを確定した上で届書に記載しなければなりません（戸籍法76条）。

エ　離婚後の子の監護に関する事項の定め等

　上記ウで述べた親権者の指定とは別に，協議離婚に当たり，子の監護をすべき者の指定，父又は母と子との面会交流，子の監護に要する費用の分担，その他の子の監護について必要な事項（民法766条1項）及び財産分与（同法768条）は，当事者の協議で定めるとされています（同法766条1項）が，いずれも関係者間に対立があり請求があったときに初めて問題とされるにとどまり，しかも，必ずしも離婚前ないし離婚と同時に決めることを必要とする事項ではないとされています（裁判所職員総合研修所監修『親族法相続法講義案（七訂補訂版）』（司法協会，2015年）72頁）。そのようなことから，離婚届書中に，養育費と面会交流の取決めの有無を問うチェック欄が設けられているのですが，届出人がチェック欄に記入しない場合であっても，離婚届は受理されるとされています（平成24・2・2民一271号通達。本山敦編著『逐条ガイド親族法』（日本加除出版，2020年）114頁）。

(2) 形式的要件

　協議離婚は，戸籍法の定めるところにより，届け出ることによって効力を生じます（民法764条，739条1項）。この届出は創設的届出です。

　届出は，当事者双方及び成年の証人2人以上から，口頭又は署名した書面ですることを要します（民法764条，739条2項）。

　ア　届書の記載

　　戸籍の各届書に共通する記載事項（戸籍法 29 条）のほか，協議離婚の届出に特有な事項は，次のとおりです。なお，離婚の届書の様式は，戸籍法施行規則附録第 13 号をもって定められています。

　　　①離婚によって復氏すべき者について，復籍するか，新戸籍を編製するかの別，及びこの戸籍の表示（戸籍法 19 条，30 条 1 項）

　　　②親権者と定められる当事者の氏名及びその親権に服する子の氏名（同法 76 条 1 号）

　　　③協議上の離婚である旨（戸籍法施行規則 57 条 1 項 1 号）

　　　④当事者が外国人であるときは，その国籍（同項 2 号）

　　　⑤当事者の父母の氏名及び父母との続柄並びに当事者が特別養子以外の養子であるときは，養親の氏名（同項 3 号）

　　　⑥同居を始めた年月（同項 4 号）

　　　⑦別居した年月（同項 5 号）

　　　⑧別居する前の住所（同項 6 号）

　　　⑨別居する前の世帯の主な仕事及び国勢調査実施年の 4 月 1 日から翌年 3 月 31 日までの届出については，当事者の職業（同項 7 号）

　　　⑩当事者の世帯主の氏名（同項 8 号）

　イ　届出人

　　協議離婚の届出人は，当事者双方です（民法 764 条，739 条，戸籍法 76 条）。

　ウ　証人

　　成年の証人が 2 人以上必要です（民法 764 条，739 条 2 項，戸籍法 33 条）。

　エ　届出地

　　当事者の本籍地又は所在地でなければなりません（戸籍法 25 条）。

(3)　届出の受理

　　協議離婚の届出は，その離婚が民法 739 条 2 項及び同法 819 条 1 項の規定その他の法令に違反しないことを認めた後でなければ，これを受理することができません（同法 765 条 1 項）。

② 協議離婚届の審査上の留意点

　市町村の窓口に離婚の届出がなされた場合，市町村長は，その届出が戸籍簿，届書及び添付書面の記載から，それが実質的要件及び形式的要件が具備されているか否かを審査し，その存在を確認し，法令に違反していないことを認めた後でなければ，これを受理することはできません。

(1)　実質的要件の審査

ア　届出事件本人の確認及び当事者に離婚意思が存在することの確認

　　離婚届の当事者の氏名等については，戸籍又は届書に添付された戸籍謄本の記載を照合して，同一性を確認します。また，離婚意思については，届出人の署名欄に署名されているかどうか，及び証人欄の記載の有無により確認します。さらに，市町村長は，届出が市役所又は町村役場に出頭した者によってされる場合には，当該出頭した者に対し，当該出頭した者が届出事件の本人であるかどうかを確認するため，当該出頭した者を特定するために必要な氏名その他の法務省令で定める事項を示す運転免許証などの資料の提供又は説明を求めるものとされています（戸籍法27条の2第1項）。また，離婚届の不受理申出書が提出されているかどうかを調べます（同法27条の2第3項）。

イ　協議離婚届に，未成年の子の親権者の指定がされているか

　　離婚する夫婦に未成年の子がいるかどうかを戸籍等により審査します。未成年の子がいる場合には，その親権者が指定されているかどうかを確認します（民法819条1項）。

(2)　形式的要件の審査

**　当事者双方及び成年の2人以上の証人の署名がされているか**

　　当事者双方及び成年の証人2人以上の署名が記載されているかを確認します。署名した証人が成年に達しているかどうかは，この記載の生年月日で判断します（民法764条，739条2項）。

裁判上の離婚

① 概説

　　当事者間で離婚意思の合致が見られない場合は，協議離婚をすることはできませんが，裁判による離婚の手続をとることができます。その際，当事者はすぐ離婚訴訟を提起することはできず，まずは，家庭裁判所に調停の申立てをしなければなりません。これを調停前置主義といいます（家事事件手続法257条1項）。当事者間に合意が成立し，これを調書に記載したときは，調停が成立したものとし，その記載は確定判決と同一の効力を有するとされています（同法268条1項）。当事者が合意できないときは，調停は不成立となります。調停が成立しない場合に，家庭裁判所が相当と認める場合には，職権で，調停に代わる離婚の審判をすることができるとされています（同法284条）。この審判は2週間以内に異議が申し立てられた場合には，その効力が失われます（同法286条）。調停・審判によっても解決が図られない場合には，一方

が離婚の訴えを家庭裁判所に提起して，離婚を求めることになります（民法 770 条）。また，人事訴訟法によって，和解離婚と認諾離婚が認められています（人事訴訟法 37 条，民事訴訟法 266 条，267 条）。

2　離婚原因（民法 770 条 1 項）

裁判により離婚をするためには，離婚原因があることを要します。法定の離婚原因は次のとおりです（民法 770 条 1 項）。

> ①配偶者に不貞な行為があったとき（民法 770 条 1 項 1 号）
> ②配偶者から悪意で遺棄されたとき（同項 2 号）
> ③配偶者の生死が 3 年以上明らかでないとき（同項 3 号）
> ④配偶者が強度の精神病にかかり，回復の見込みがないとき（同項 4 号）
> ⑤その他婚姻を継続し難い重大な事由があるとき（同項 5 号）

3　離婚請求の裁量棄却

民法は，上記 2 に掲げた具体的離婚原因に当たる事実がある場合であっても，裁判所は一切の事情を考慮して婚姻の継続を相当と認めるときは，離婚の請求を棄却することができるとしています（民法 770 条 2 項）。

4　裁判上の離婚の届出・審査に必要な知識

(1) 届出人

裁判上の離婚は，判決又は審判が確定したとき，あるいは調停が成立したときに離婚の効力が発生します。したがって，訴えを提起した者は，判決又は審判が確定した日，あるいは調停が成立した日から 10 日以内に裁判の謄本を添付して，その旨を届け出なければならないとされています（戸籍法 77 条，63 条）。訴えの提起者（又は調停の申立人）が届出期間内に離婚の届出をしないときは，その相手方が裁判の謄本を添付して，離婚の裁判が確定した旨を届け出ることができるとされています（同法 77 条 1 項，63 条 2 項）。

届出地は，当事者の本籍地又は所在地です（戸籍法 25 条）。

(2) 届書の記載事項

裁判上の離婚の届出においては，協議離婚の場合における届出事項（「協議上の離婚である旨」を除く。）のほか，調停による離婚，審判による離婚，和解による離婚，請求の認諾による離婚又は判決による離婚の別，裁判の確定した日又は調停の成立した日を記載しなければなりません（戸籍法 77 条，63 条 1 項後段，63 条 2 項後段，戸籍法施行規則 57 条 2 項）。

　なお，裁判上の離婚の届出は報告的届出ですので，他方当事者の署名や証人の署名は必要ありません。

　また，離婚を認める判決をする場合に，夫婦間に未成年の子があるときは，裁判所は，父母の一方を親権者に定めなければなりません。この指定は判決の主文ですることができます（民法819条2項，人事訴訟法32条3項）。このため，届書には，親権者と定められた当事者の氏名及びその親権に服する子の氏名を記載すべきものとされています（戸籍法77条2項1号）。調停離婚においても離婚後の親権者を定めなければなりません。

(3) 添付書類

　裁判上の離婚の届出には，調停調書の謄本，和解調書の謄本，認諾調書の謄本又は審判書若しくは判決の謄本とその確定証明書を添付することとされています（戸籍法77条1項，63条）。

5　裁判上の離婚届の審査上の留意点

(1) 裁判の謄本が添付されているかどうかの確認

　裁判上の離婚が成立（調停の成立，審判・判決の確定，訴訟上の和解の成立，請求の認諾）したときは，訴えの提起者（又は調停の申立人）は，裁判が確定した日から10日以内に裁判の謄本を添付して，離婚の届出ををしなければなりません（戸籍法77条1項，63条1項）。審判又は判決の場合は，確定証明書の添付も必要です。そこで，まず，裁判の謄本が添付されているかどうかを調査します。

　次いで，裁判の謄本に記載されている本籍，住所及び氏名が事件の当事者と同一かどうかを審査します。

(2) 調停離婚，和解離婚，認諾離婚若しくは判決又は審判による離婚の届書に，調停成立の年月日，和解成立若しくは請求の認諾の年月日又は判決若しくは審判確定の年月日の記載がされているかどうか，また，その記載が添付の調停調書，和解調書，認諾調書又は確定証明書の記載と相違していないか

　裁判上の離婚の届出においては，調停による離婚・審判による離婚・和解による離婚・請求の認諾による離婚・判決による離婚の別，裁判の確定した日を記載しなければならないとされています（戸籍法77条1項，63条1項後段，63条2項後段，戸籍法施行規則57条2項）。

　裁判上の離婚届を受理するに当たっては，離婚届書の「離婚の種別」欄の記載につき，添付の調停調書，和解調書，認諾調書又は審判若しくは判決の確定証明書の記載と十分照合した上で，受理する必要があります。

(3) 戸籍又はその謄本により夫婦に未成年の子がいることが判明した場合に，判決主文又は調停条項で，父母のいずれが親権者に指定されているかの確認

　　裁判上の離婚においても離婚後の親権者を定めなければなりません。父母が裁判上の離婚をする場合には，裁判所がその一方を親権者として定めます（民法819条2項）。

　　したがって，戸籍又はその謄本により夫婦に未成年の子がいるかいないかを確認する必要があり，未成年の子がいることが判明した場合には，判決主文又は調停事項で，父母のいずれが親権者に指定されているか調査します。なお，裁判上の離婚の場合は，何らかの理由で親権者の指定がされていなくても，離婚自体は有効にされていますので，離婚届を受理して，親権者の指定以外の点を戸籍に反映させ，親権者の指定は，後に追完することで差し支えないとされています（南敏文編著『改訂　はじめての戸籍法』（日本加除出版，2000年）159頁）。

第4　戸籍の処理

　　婚姻によって氏を改めた者は，離婚又は婚姻の取消しによって婚姻前の氏に復すべきときには，原則として婚姻前の戸籍に復します（戸籍法19条1項）。ただし，その戸籍が既に除かれているとき，又は復氏する者が新戸籍編製の申出をしたときには，新戸籍を編製します（戸籍法19条1項ただし書）。

　　なお，裁判又は調停による離婚の届出人でない者が復氏する場合においては，届書「その他」欄に新戸籍を編製する旨記載，署名し，又はその旨の申出書を添付して届出があったときは，これに基づいて新戸籍を編製して差し支えないとされています（昭和53・7・22民二4184号通達）。さらに，離婚の調停調書の条項中に，復氏者である相手方について，離婚により新戸籍を編製する旨及び新本籍の場所が記載されている場合は，申立人から離婚の届出をするときでも，新戸籍を編製する取扱いをして差し支えないとされています（昭和55・1・18民二680号通達）。

　　また，婚姻によって氏を改めた夫又は妻は，離婚によって婚姻前の氏に復しますが（民法767条1項），この復氏をした夫又は妻は，離婚の日から3か月以内に戸籍法の定めるところにより届け出ることによって，離婚の際に称していた氏を称することができます（同条2項）。この届出については，戸籍法77条の2が定めています。

第5　戸籍法77条の2の届出（婚氏続称の届出）

1　概説

　　婚姻によって氏を改めた夫又は妻は，離婚によって婚姻前の氏に復しますが，離婚の日から3か月以内に戸籍法77条の2の規定による届出をすることによって，離婚の際に称していた氏を称することができるとされています（民法767条2項）。

　　また，民法767条2項の規定は，婚姻の取消しについて準用されています（同法749条）ので，婚姻の取消しの場合も，離婚の場合の取扱いに準じて処理することになります（戸籍法75条の2）。

　　この届出は，離婚届と同時にでも，離婚の届出によって復籍又は新戸籍編製をした後にでも行うことができます。

2　届出の性質

　　戸籍法77条の2の届出は，離婚によって復氏した者が，その復氏した氏の呼称を離婚の際に称していた氏と同じ呼称に代える目的をもってするものであるとされます。そして，この届出は，創設的届出であるとされています。

3　届出人

　　戸籍法77条の2の届出は，復氏する者が単独で行います。

4　届出期間

　　届出は離婚の日から3か月以内にしなければなりません（民法767条2項）。この期間を徒過した場合には，戸籍法107条1項の氏の変更手続によることになります。

5　戸籍の処理

(1)　離婚の届出と同時に戸籍法77条の2の届出をした場合

　　離婚によって復氏すべき者が，協議離婚の届出と同時に戸籍法77条の2の届出をした場合は，その者について直ちに離婚の際に称していた氏で新戸籍を編製します（同法19条3項）。

　　裁判離婚又は外国の方式による離婚の報告的届出と同時に戸籍法77条の2の届出があった場合も，同様であるとされます（昭和62・10・1民二5000号通達）。

(2)　離婚の届出をした後に，戸籍法77条の2の届出をした場合

　　ア　離婚の届出によって復籍した者が戸籍法77条の2の届出をした場合において，その者が戸籍の筆頭に記載されていないときは，その者について新戸籍

を編製します（戸籍法 19 条 3 項）

　イ　離婚の届出によって復籍した者が戸籍法 77 条の 2 の届出をした場合におい
　　　て，その者が戸籍の筆頭に記載されているが，その戸籍に同籍者があるとき
　　　は，その届出をした者について新戸籍を編製します（前掲通達）

　ウ　離婚によって復氏した者が，戸籍法 77 条の 2 の届出をした場合において，
　　　その者が戸籍の筆頭に記載されているがその戸籍に同籍者がないときは，戸
　　　籍法 107 条 1 項の規定による氏の変更の場合の記載に準じて，戸籍の記載を
　　　します（前掲通達）

⑥　戸籍法 77 条の 2 の届出の審査上の留意点

　戸籍法 77 条の 2 の届出は，離婚の日から 3 か月以内に限って認められるものです
から，届書の「離婚の年月日」欄に記載されている離婚の年月日について，戸籍簿又
は添付の戸籍謄本の記載と照合して，離婚の日から 3 か月以内に届け出られたもので
あるかどうかを確認した上で受理する必要があります。

　3 か月の期間を徒過した場合には，戸籍法 107 条 1 項の氏の変更手続によることに
なります。

協議離婚届

夫の氏を称する婚姻をした夫婦の協議離婚届が夫婦の本籍地に届出され，妻の離婚後の本籍地に送付された事例

離 婚 届

令和 5 年 11月21日 届出

東京都府中市 長 殿

受理	令和 5 年11月21日	発送 令和 5 年11月23日
第	20130 号	これは謄本である。
送付	令和 5 年11月25日	東京都府中市 長 印
第	25401 号	

書類調査	戸籍記載	記載調査	調査票	附票	住民票	通知

		夫	妻
(よみかた)		こうの いちろう	こうの ゆうこ
(1)	氏 名	甲野 一郎	甲野 友子
	生年月日	平成5年10月8日	平成7年7月15日
	住 所 (住民登録をしているところ)	東京都府中市〇〇 1丁目1番1号 世帯主の氏名 甲野一郎	東京都江戸川区〇〇 3丁目3番3号 世帯主の氏名 甲野友子
(2)	本 籍 (外国人のときは国籍だけを書いてください)	東京都府中市〇〇1丁目 1 番地 番 筆頭者の氏名 甲野一郎	
	父母及び養父母の氏名 父母との続き柄	夫の父 甲野太郎　続き柄 長男　母 甲野夏子	妻の父 乙原英雄　続き柄 長女　母 乙原一子
	右記の養父母以外にも養父母がいる場合にはその他の欄に書いてください	養父　続き柄　養母　養子	養父　続き柄　養母　養女
(3)(4)	離婚の種別	☑協議離婚　□調停　年 月 日成立　□審判　年 月 日確定	□和解　年 月 日成立　□請求の認諾　年 月 日認諾　□判決　年 月 日確定
	婚姻前の氏にもどる者の本籍	夫 □ は ☑もとの戸籍にもどる 妻 ☑ □新しい戸籍をつくる 東京都江戸川区〇〇3丁目3 番地 番 筆頭者の氏名 乙原英雄	
(5)	未成年の子の氏名	夫が親権を行う子 甲野太一	妻が親権を行う子
(6)(7)	同居の期間	平成28年 1月 から (同居を始めたとき)	令和4年 12月 まで (別居したとき)
(8)	別居する前の住所	東京都豊島区〇〇1丁目1 番地 番 1 号	
(9)	別居する前の世帯のおもな仕事と	□1.農業だけまたは農業とその他の仕事を持っている世帯 □2.自由業・商工業・サービス業等を個人で経営している世帯 □3.企業・個人商店等（官公庁は除く）の常用勤労者世帯で勤め先の従業者数が1人から99人までの世帯（日々または1年未満の契約の雇用者は5） ☑4.3にあてはまらない常用勤労者世帯及び会社団体の役員の世帯（日々または1年未満の契約の雇用者は5） □5.1から4にあてはまらないその他の仕事をしている者のいる世帯 □6.仕事をしている者のいない世帯	
(10)	夫妻の職業	(国勢調査の年…　年の4月1日から翌年3月31日までに届出をするときだけ書いてください) 夫の職業	妻の職業
	その他		
	届出人署名 (※押印は任意)	夫 甲野一郎 印	妻 甲野友子 印
	事件簿番号		

届出地の府中市で届書を受領した日を記入します。

届書を妻の本籍地である東京都江戸川区へ送付するときに記入します。

送付を受けた東京都江戸川区で届書が送付されてきた日を記入します。

協議離婚は，当事者の協議により届け出ることによって効力を生ずる創設的届出です。届出地は，当事者の本籍地又は所在地です（民法764条，739条，戸籍法25条）。

当事者の父母の氏名及び父母との続柄並びに当事者が特別養子以外の養子であるときは，養親の氏名を記入します（戸籍法施行規則57条1項3号，戸籍法76条2号）。

離婚によって復氏すべき者について，復籍するか，新戸籍を編製するかの別，及びこの戸籍の表示を記入します（戸籍法19条，30条1項）。

未成年の子がいる場合は，親権に服する子の氏名を記入します。

離婚届の届出人は，当事者双方です（戸籍法76条，民法764条，739条2項）。

離婚の種別について協議上の離婚である旨記載します（戸籍法施行規則57条1項1号）。

証　人　（協議離婚のときだけ必要です）	
署　名（※押印は任意）　　丙川三郎　㊞	丙川幸子　㊞
生　年　月　日　昭和58年 1 月 1 日	昭和60年 9 月 12 日
住　所　東京都中野区〇〇	東京都中野区〇〇
1丁目1番1号	1丁目1番1号
本　籍　東京都中野区〇〇	東京都中野区〇〇
1丁目3　番地	1丁目3　番地

協議離婚の届書には，成年の証人2人以上が，その出生年月日，住所，本籍を記載し，署名しなければなりません（民法764条，739条2項，戸籍法33条）。

□には、あてはまるものに☑のようにしるしをつけてください。

今後も離婚の際に称していた氏を称する場合には、左の欄には何も記載しないでください（この場合にはこの離婚届と同時に別の届書を提出する必要があります。）。

同居を始めたときの年月は、結婚式をあげた年月または同居を始めた年月のうち早いほうを書いてください。

届け出られた事項は、人口動態調査（統計法に基づく基幹統計調査、厚生労働省所管）にも用いられます。

調停離婚届

夫の氏を称する婚姻をした夫婦につき離婚の調停が成立し，調停の申立人である妻から復籍地に届出がされた事例

離　婚　届

令和 5 年 12 月 3 日届出

埼玉県川越市 長 殿

受理	令和 5 年 12 月 3 日	発送	令和 5 年 12 月 3 日
第	10360 号	これは謄本である	
送付	令和 5 年 12 月 5 日	埼玉県川越市 長 印	
第	11325 号		
書類調査	戸籍記載	記載調査	調査票	附票	住民票	通知

届出地の川越市で届書を受領した日を記入します。

届書を東京都新宿区へ送付するときに記入します。

送付を受けた東京都新宿区で届書が送付されてきた日を記入します。

	(よみかた)	夫 こうの よしお	妻 こうの しずこ
(1)	氏　名	甲野 義雄	甲野 静子
	生年月日	昭和53年 10 月 8 日	昭和57年 7 月 15 日
	住　所 (住民登録をしているところ)	東京都新宿区〇〇町 1丁目2番3号	埼玉県川越市〇〇町 3丁目4番5号
		世帯主の氏名 甲野義雄	世帯主の氏名 甲野静子

届出は調停成立の日から10日以内にしなければなりません（戸籍法77条1項，63条1項）。

(2)	本　籍 (外国人のときは国籍だけを書いてください)	東京都新宿区〇〇町1丁目2 番地 番
	筆頭者の氏名	甲野義雄

届出時に在籍する戸籍を記入します。

父母及び養父母の氏名 父母との続き柄 右記の養父母以外にも養父母がいる場合にはその他の欄に書いてください	夫の父 甲野英雄	続き柄 男	妻の父 乙川一郎	続き柄 女
	母 甲野ウメ		母 乙川春子	
	養父	続き柄	養父	続き柄
	養母	養子	養母	養女

(3)(4)	離婚の種別	☐協議離婚 ☑調停 令和 5 年 11 月 30 日成立 ☐審判 年 月 日確定	☐和解 年 月 日成立 ☐請求の認諾 年 月 日認諾 ☐判決 年 月 日確定
	婚姻前の氏にもどる者の本籍	☐夫 は ☑もとの戸籍にもどる ☑妻 ☐新しい戸籍をつくる	
		埼玉県川越市〇〇町3丁目4 番地 番 筆頭者の氏名 乙川一郎	
(5)	未成年の子の氏名	夫が親権を行う子	妻が親権を行う子
(6)(7)	同居の期間	平成20年 4 月 から (同居を始めたとき)	令和5年 3 月 まで (別居したとき)
(8)	別居する前の住所	東京都新宿区〇〇町1丁目2 番地 番 3 号	
(9)	別居する前の世帯のおもな仕事と	☐1.農業だけまたは農業とその他の仕事を持っている世帯 ☐2.自由業・商工業・サービス業等を個人で経営している世帯 ☐3.企業・個人商店等（官公庁は除く）の常用勤労者世帯で勤め先の従業者数が1人から99人までの世帯（日々または1年未満の契約の雇用者は5） ☐4.3にあてはまらない常用勤労者世帯及び会社団体の役員の世帯（日々または1年未満の契約の雇用者は5） ☐5.1から4にあてはまらないその他の仕事をしている者のいる世帯 ☐6.仕事をしている者のいない世帯	
(10)	夫妻の職業	(国勢調査の年…　年…の4月1日から翌年3月31日までに届出をするときだけ書いてください)	
		夫の職業	妻の職業
その他	添付書類	調停調書謄本	
届出人署名 (※押印は任意)	夫	印	妻 甲野静子 印
事件簿番号			

届出時に在籍する戸籍を記入します。

離婚により復氏する妻の離婚後の本籍を記入します（戸籍法19条1項）。ただし，その戸籍が既に除かれているとき，又は新戸籍編製の申出をしたときは，新戸籍を編製します（同項ただし書）。

調停離婚の届書には，調停調書の謄本を添付することとされています（戸籍法77条1項，63条）。

離婚の種別欄に ☑ し，調停の成立日を記載します（戸籍法施行規則57条2項）。

調停が成立したときは，調停の申立人は，裁判の謄本を添付して離婚の届出をしなければなりません。調停の申立人が届出期間内に届出をしないときは，その相手方から届出ができます（戸籍法77条1項，63条2項）。

調停による離婚が成立した場合に，届出人でない者が復氏する場合に，同届書の「その他」欄に新戸籍を編製する旨を記載し，署名して届出があったときは，これに基づいて新戸籍を編製して差し支えないとされています（昭和53・7・22民二4184号通達）。

証　　　人	（協議離婚のときだけ必要です）	
署　　名 (※押印は任意)	印	印
生 年 月 日	年　　月　　日	年　　月　　日
住　　　所		
本　　　籍	番地 番	番地 番

証人の署名は必要ありません。

戸籍法77条の2の届出

離婚の届出と同時に妻から戸籍法77条の2の届出が夫婦の本籍地に届出され, 妻の本籍地に送付された事例

離婚の際に称していた氏を称する届
（戸籍法77条の2の届）

令和 4 年 11 月 21 日 届出

東京都府中市 長 殿

受理	令和 4 年11月21日	発送 令和 4 年11月22日
第	5684 号	これは謄本である
送付	令和 4 年11月23日	東京都府中市 長 印
第	3603 号	
書類調査	戸籍記載 記載調査 附 票 住民票 通 知	

(1)	離婚の際に称していた氏を称する人の氏名	（現在の氏名、離婚届とともに届け出るときは離婚前の氏名） （よ み か た）こう の　　　ゆう こ 氏 甲野　　名 友子　　平成7 年 7 月 15 日生
(2)	住 所 （住民登録をしているところ）	東京都江戸川区○○3丁目3番3号 世帯主の氏名 甲野友子
(3)	本 籍	（離婚届とともに届け出るときは、離婚前の本籍）　　　番地 東京都府中市○○1丁目1　　　番 筆頭者の氏名 甲野一郎
(4)	（よ み か た） 氏	変更前 (現在称している氏)　　　変更後 (離婚の際称していた氏) 甲野　　　　　　　こう の 　　　　　　　　　甲野
(5)	離婚年月日	令和4 年 11 月 21 日
(6)	離婚の際に称していた氏を称した後の本籍	((3)欄の筆頭者が届出人と同一で同籍者がない場合には記載する必要はありません)　　　番地 東京都江戸川区○○3丁目3　　　番 筆頭者の氏名 甲野友子
(7)	その他	
(8)	届出人署名 （※押印は任意） （変更前の氏名）	甲野友子　　　　　　　　　　印

届出地の府中市で届書を受領した日を記入します。

届書を東京都江戸川区へ送付するときに記入します。

送付を受けた東京都江戸川区で届書が送付されてきた日を記入します。

婚氏続称の届出は離婚後3か月以内にしなければなりません（民法767条2項）。離婚の届出と同時にすることもできます。
この期間の計算は, 離婚の日の翌日から起算し（民法140条）, その起算日に応当する日の前日をもって満了します（同法143条）。

婚氏続称届の届出時に在籍する戸籍を記入します。離婚の届出と同時に婚氏続称の届出をするときは, その者につき直ちに離婚の際に称していた氏で新戸籍を編製しますので, 婚姻時の本籍を記入します。

離婚年月日は, 協議離婚のときは届出の日を記入します。

届出人は, 離婚によって婚姻前の氏に復すべき者です。離婚に際して離婚した配偶者と協議することや承諾は要しません。また, 証人も必要ありません。

第6章 養子縁組届

第1 概説

　養子縁組は，相互に血縁的な親子関係のない者，又は血縁的親子関係があっても嫡出親子関係のない者の間に，法律上嫡出親子と同一の身分関係を創設しようとする制度です（民事法務協会編『新版実務戸籍法』（民事法務協会，2001年）122頁）。したがって，自分の嫡出子を養子とすることはできませんが（昭和23・1・13民事甲17号通達），自分の嫡出子でない子はこれを養子として嫡出親子関係を創設することができます。

　現行の養子縁組には，①縁組後も実親子関係が存続する「普通養子縁組」と②縁組により実親子関係が終了する「特別養子縁組」の2つがあります。

　特別養子縁組は，子の福祉の増進を図るために，養子となる子どもと実親との間の法的な親子関係を解消し，養子と養親との間に実の親子関係と同様の親子関係を成立させる制度です。特別養子縁組は，家庭裁判所の審判で成立します。

　今般，「民法の一部を改正する法律」（令和元年法律第34号）により，特別養子縁組における養子となる者の年齢の上限が引き上げられるとともに特別養子縁組の成立の手続が合理化がされる等の見直しが図られています。なお，改正法は，令和2年4月1日から施行されています。

第2 普通養子縁組の届出・審査に必要な知識

　普通養子縁組が成立するためには，以下に述べる実質的要件と形式的要件の両方を具備することが必要です。

1 実質的要件

(1) 当事者間に縁組をする意思の合致があること（民法802条1号）

　　養親となる者と養子となる者との間に縁組をしようとする意思，すなわち嫡出親子関係を創設しようとする意思の合致があることが必要であるとされています。これは，単に縁組の届出をすることについて意思が合致しているだけでは足りず，社会において親子と認められるような関係を形成しようとする意思の合致があることを要すると解されています（南敏文編著『改訂　はじめての戸籍法』（日本加除出版，2000年）112頁）。判例も，縁組意思とは「真に養親子関係の設定を欲する効果意思」であるとしています（最判昭和23・12・23民集2巻14号493頁）。

　また，縁組意思は当事者本人の独立した意思であることを要するとされ，縁組を締結するには，意思能力を有していることが必要であり，成年被後見人も意思能力を回復しているときには，後見人の同意を得ないで，単独で縁組の意思表示をすることができるとされています（民法 799 条，738 条，戸籍法 32 条）。

　縁組意思は，縁組届の受理される時に存在することを要するとされています（裁判所職員総合研修所監修『親族法相続法講義案（七訂補訂版）』（司法協会，2015 年）127 頁）。

　次に，縁組意思以外の実質的な要件についてみていくことにします。

(2) 養親となる者は 20 歳に達していること（民法 792 条）

　民法 792 条は，養親の年齢要件を定めています。夫婦が養親となる場合には，双方ともに 20 歳に達した者でなければならないとされています。

　養親の年齢要件については，「民法の一部を改正する法律」（平成 30 年法律第 59 号）により改正される前の民法では，「成年に達した者」，すなわち，20 歳以上の者は養子をすることができると規定していましたが，改正民法では，この実質を維持することとした上で，「成年に達した者」という文言が改正民法の施行後は，18 歳以上の者を指すことになることから，表現を改めて「20 歳に達した者」は養子をすることができることとしています（笹井朋昭・木村太郎『一問一答成年年齢引下げ』（商事法務，2019 年）60 頁）。

(3) 養子となる者が，養親となる者の尊属又は年長者でないこと（民法 793 条）

　養子となる者が養親となる者の尊属（例えば，叔父や叔母）であるときは，仮に養親となる者より年少であっても養子となることはできません（民法 793 条）。また，養親となる者は，自己より年長の者を養子とすることはできませんが，養子となる者が養親となる者より年長でなければ，両者の間に一定の年齢差のあることは要件とされていないので，同い年でも差し支えないとされています。

　なお，養子縁組は嫡出親子関係を創設する制度ですから，戸籍実務の取扱いでは，自分の嫡出子や既に自分の養子となっている者を養子とすることはできないとされています（昭和 23・1・13 民事甲 17 号通達）。

(4) 後見人が被後見人を養子にするには，家庭裁判所の許可を得ること（民法 794 条）

　後見人は，被後見人の財産を管理することを職務とする者であるから，被後見人を養子とすることによって，後見人の不正・不当な財産管理を隠ぺいすることを防止し，あわせて被後見人の利益を保護するために家庭裁判所の許可を必要としています（裁判所職員総合研修所監修『親族法相続法講義案（七訂補訂版）』（司法協会，2015 年）128 頁）。なお，後見人の任務が終了した後でも，まだ管理の計算が終わらない間は，両者の間で縁組をするには家庭裁判所の許可を得なければならないとされています（民法 794 条後段）。

　なお，未成年被後見人を養子とする場合は，この民法794条の家庭裁判所の許可と，未成年者を養子とするときに必要とされる家庭裁判所の許可（同法798条）とは，その立法趣旨及び許可の目的を異にしていることから，民法794条の許可だけでなく未成年者を養子とする縁組の許可（同法798条）も必要であるとされています（本山敦編著『逐条ガイド親族法』（日本加除出版，2020年）239頁）。

　戸籍実務の取扱いでは，民法794条の家庭裁判所の許可と，未成年者を養子とするときに必要とされる家庭裁判所の許可とは，別個の性質を有していますが，許可そのものは必ずしも別々にする必要はないとしています（昭和25・10・10民事甲2633号回答）。

(5) 配偶者のある者が未成年者を養子とするには，配偶者とともに縁組をすること（民法795条）

　配偶者のある者が未成年者を養子とする場合には，配偶者とともに縁組をしなければなりません（民法795条本文）。ただし，配偶者の嫡出子を養子とする場合又は養親となる者の配偶者がその意思を表示できない場合は共同縁組を要しないとされています（同条ただし書）。

(6) 配偶者のある者が縁組をするにはその配偶者の同意を得ること（民法796条）

　配偶者のある者が単独で養子をし又は養子となるには，その配偶者の同意を得なければなりません（民法796条本文）。

　すなわち，配偶者のある者が成年者を養子とする場合及び配偶者のある者が養子となる場合には，夫婦の一方だけが単独で縁組をすることができるとされていますが，この場合には，原則としてその夫婦の他方の同意を得なければならないとされています。ただし，配偶者とともに縁組をする場合は互いに同意を必要とはしません。また，配偶者がその意思を表示することができない場合も，その一方の同意は要しないとされています（民法796条ただし書）。

(7) 養子となる者が15歳未満であるときは，その法定代理人の代諾を要すること（民法797条1項）

　民法は，未成年者のうち15歳未満の者について，意思能力の有無にかかわらず単独で養子となることはできず，法定代理人の代諾を要するものとしています。法定代理人（代諾権者）とは，親権者，未成年後見人，児童福祉施設の長又は児童相談所長をいいます。

　養子となる者が父母の共同親権に服している場合は，父母の双方が法定代理人となります。また，養子となる者に親権者がないときは，未成年後見人が法定代理人となります。児童福祉施設に入所中又は里親等に委託中の児童に親権を行う者又は未成年後見人がない場合には，児童福祉施設の長又は児童相談所長が法定代理人となります。これらの者が縁組の承諾をするには，内閣府令の定めるところにより，都道府県知事の許可を得る必要があります（児童福祉法47条1項，2項）。

　また，法定代理人が縁組の代諾をするには，養子となる者の父母でその監護をすべき者であるものが他にあるときは，その者の同意を得なければならないとされています（民法797条2項）。さらに，養子となる者に親権を停止されている父母がある場合も，この父母の同意を得なければならないとされています（同項後段）。

(8) 未成年者を養子とするには，家庭裁判所の許可を要すること（民法798条）

　養子となる者が15歳未満であるため法定代理人が代諾する場合，また，15歳以上であって自ら縁組をする場合にも家庭裁判所の許可を得なければならないとされています（裁判所職員総合研修所監修『親族法相続法講義案（七訂補訂版）』（司法協会，2015年）132頁）。ただし，自己又は配偶者の直系卑属を養子とする場合には，家庭裁判所の許可を必要とはされていません（民法798条ただし書）。なお，ここにいう配偶者とは，現在婚姻中の配偶者をいい，婚姻の解消によって配偶者でなくなった者の直系卑属を養子にする場合には許可を要するとされています（昭和24・2・4民事甲3876号回答）。また，養子縁組前に出生していた養子の子は，養親の直系卑属ではないため，養親が当該縁組前に生まれた養子の未成年の子と縁組をする場合には，家庭裁判所の許可が必要です（昭和33・6・13民事甲1206号回答）。

2　形式的要件（届出）

　普通養子縁組が成立するためには，前記①で述べた実質的要件を備えているほかに戸籍法の定めるところに従って届け出をし，これが市町村長によって受理されることが必要です（民法799条，739条）。これは形式的要件といわれるものです。届出は，市町村長に対して，当事者双方及び成年の証人2人以上から，口頭又は署名した書面でしなければならないとされています。

　縁組の成立に家庭裁判所の許可を必要とし，これを得ているときは，届出に際し許可審判の謄本を添付しなければなりません（戸籍法38条2項）。

(1) 届書の記載事項

　届書には，戸籍の各届書に共通する記載事項（戸籍法29条）のほか，養子縁組の届出に特有な次の事項を記載します。

　ア　養子が養親の戸籍に入籍すべきときは，その戸籍の表示

　　養子は，原則として，養親の氏を称し（民法810条），養親の戸籍に入りますので，その旨を明らかにします（戸籍法18条3項，30条1項）。

　イ　養子について新戸籍を編製すべきときは，その旨，新戸籍編製の原因及び新本籍

　　養子となる者が夫婦であるとき，又は養子となる者が婚姻の際に氏を改めなかった者であるときは，その夫婦について養親の氏をもって，新戸籍を編製しなければなりません（戸籍法20条，30条1項）。

ウ　養親について新戸籍を編製すべきときは，その旨，新戸籍編製の原因及び新本籍

　養親が戸籍の筆頭に記載された者又はその配偶者でない場合には，養親について新戸籍を編製し，養子はこれに入籍します（戸籍法 17 条，30 条 1 項）。

エ　配偶者のある者の縁組

①　配偶者のある者が成年者を養子とするとき

　配偶者のある者が成年者を養子とする場合において，その配偶者が心神喪失，行方不明等の事由によってその意思を表示することができないときは，届書の「その他」欄に配偶者がその意思を表示することができない旨及びその事由を記載させるものとされています（昭和 62・10・1 民二 5000 号通達）。

②　配偶者のある者が配偶者の未成年である嫡出子を養子とする場合

　配偶者のある者が配偶者の未成年である嫡出子を養子とする場合には，届書の「その他」欄に配偶者の嫡出子を養子とする旨を記載させるものとされています（前掲通達）。

　この場合において，配偶者が 15 歳未満の嫡出子に代わって縁組を承諾するときを除き，配偶者の同意を得ることを要するので，届書に配偶者の同意を証する書面を添付するか，配偶者の届書の「その他」欄に同意する旨を付記させて，署名させるものとされています（前掲通達）。

③　配偶者のある者が未成年者を養子とする場合

　配偶者のある者が未成年者を養子とする場合において，配偶者が心神喪失，行方不明等の事由によってその意思を表示することができないときは，届書の「その他」欄に配偶者がその意思を表示することができない旨及びその事由を記載させるものとされています（前掲通達）。

④　15 歳未満の子に監護者がいる場合の縁組の代諾

　養子となる者が 15 歳未満である場合において，法定代理人のほかに養子となる者の監護をすべき者があり，その者が父又は母であるときは，法定代理人が養子に代わって縁組の承諾をするには，その監護者の同意を得なければならないとされているので，同意を要する監護者がある場合には，届書にその同意を証する書面を添付するか，監護者に届書の「その他」欄に同意する旨を記載させて，署名させるものとされています（前掲通達）。

(2) 届出人

　届出人は，養親及び養子となる者です（戸籍法 66 条）。養子となる者が 15 歳未満であるときは，その法定代理人が，これに代わって縁組の承諾をすることになりますが，この場合には，その代諾をする者が届出をしなければなりません（民法 797 条，戸籍法 68 条）。

(3) 証人

　　届書には，成年の証人2人以上が署名することを要します（民法799条，739条2項，戸籍法33条）。

(4) 届出地

　　届出地は，養親若しくは養子の本籍地又は所在地です（戸籍法25条）。

(5) 添付書類

　ア　家庭裁判所の縁組許可の審判書謄本

　　　未成年者を養子とするとき（民法798条。養親となる者又はその配偶者の直系卑属を養子とする場合を除く。）又は後見人が被後見人を養子とするとき（民法794条）は，家庭裁判所の縁組許可の審判書謄本を添付します（戸籍法38条2項）。

　　　後見人が未成年被後見人を養子とするときに必要とされている家庭裁判所の許可と未成年者を養子とするときに必要とされている家庭裁判所の許可は，許可の目的が異なるため，両方の許可を要すると解されています。

　イ　都道府県知事の許可書の謄本

　　　児童福祉施設に入所中又は里親等に委託中の児童に親権を行う者がない場合には，児童福祉施設の長又は児童相談所長が法定代理人となりますが，これらの者が縁組を代諾するときは，都道府県知事の許可書の謄本を添付しなければなりません（戸籍法38条2項）。

　ウ　選任に関する審判書謄本

　　　特別代理人が代諾するとき（民法860条，826条）はその選任に関する審判書謄本を添付しなければなりません。

　　　親権者がその親権に服する子を養子とする場合には，特別代理人が代諾すべきものとされ，また，後見人が現にその後見に服する15歳未満の子と養子縁組をする場合には，後見監督人がいなければ，特別代理人が代諾すべきものとされます。いずれもその選任を証する審判書の謄本を添付する必要があります。

　エ　配偶者の同意を証する書面

　　　配偶者のある者が単独で養子となる場合，又は成年者を養子とする場合には，配偶者の同意を証する書面を添付します。なお，届書の「その他」欄に同意する旨を付記させ，署名するだけでも差し支えないとされています（戸籍法38条1項）。

　オ　監護者の同意を証する書面

　　　15歳未満の者を養子とする場合において，法定代理人のほかに，養子となる者の父母である監護者があるときは，その者の同意を要することとなるので（民法797条2項），届書に監護者の同意を証する書面を添付することが必要です。なお，この場合，届書の所定欄に同意を要する監護者の有無を記載することとさ

れています。同意書に代えて，届書の「その他」欄に同意する旨を付記させ，署名するだけでも差し支えないとされています（戸籍法38条1項。昭和62・10・1民二5000号通達）。

第3 養子縁組届書の審査上の留意点

養子縁組が成立するためには，民法に規定された実質的要件を備えているほかに戸籍法等の定めるところに従って届出をし，これが市町村長により受理されることが必要です（民法799条，739条）。

そのため，市町村長は，戸籍簿，届書及び添付書類等の記載から，養子縁組の実質的要件及び形式的要件を備えているか否かを審査し，これら要件が法令に違反していないことを確認した後でなければ，届出を受理することはできないとされています。

(1) 届出事件の本人（養親となる者及び養子となる者）の確認及び不受理申出有無の確認

養子縁組届には，当事者の特定等のため，養親となる者及び養子になる者の氏名，住所，本籍，父母の氏名及びその続柄が記載されます。その記載と戸籍又は当事者が届書に添付した戸籍謄本又は抄本の記載を照合して，同一性の確認をします。また，縁組意思の存在については，届出人の署名欄に間違いなく署名されているか，及び証人欄の記載の有無により確認します。

なお，市町村長は，縁組の届出があった場合には，窓口に出頭した者が当該届出についての届出事件の本人の全員であることを確認することができたときを除き，当該届出について不受理申出がされているか否か確認を行うものとされています。

(2) 養親となるべき者は，20歳に達している者であること

「民法の一部を改正する法律」（令和元年法律第34号）により。民法792条は，「二十歳に達した者」は養親として養子縁組をすることができると改められましたので，20歳未満の者は，養親として養子縁組をすることができないこととなります。そこで，養親となるべき者は，養子縁組届出の際に二十歳に達しているかどうかにつき，戸籍の原本又は添付の戸籍謄本等により生年月日を確認して審査しなければなりません。

(3) 養子となる者が養親となる者の尊属又は年長者でないこと

民法は，尊属又は年長者は，養子とすることができないとしています（民法793条）。直系尊属だけでなく傍系尊属も養子とすることはできないとされていますので，例えば，年長の甥・姪が年少の叔父や叔母を養子とすることはできません。

また，離婚した妻を養子とすることができるかについて，戸籍実務の取扱いでは，年長者でなければこれを認めて差し支えないとしています（昭和24・9・9民事甲

2034 号回答）。

　　養子となる者が養親となる者の尊属か年長者でないかは，縁組当事者の戸籍又は戸籍謄抄本等により審査します。

(4) 後見人が被後見人を養子とする場合に，家庭裁判所の許可の審判書謄本が添付されているか

　　後見人が被後見人（未成年被後見人及び成年被後見人）を養子とするには，家庭裁判所の許可を得なければならないとされています（民法794条）。そして，その許可を得たときは，許可を得たことを証するため，その審判書の謄本を添付させるべきものとされていますので，添付の有無について審査します。

(5) 配偶者のある者が未成年者を養子とする場合に，その配偶者とともに縁組の当事者となっているか

　　配偶者のある者が未成年者を養子とするには，配偶者とともにしなければ縁組をすることができないとされています（民法795条本文）。ただし，配偶者の嫡出子を養子とする場合又は養親となる者の配偶者がその意思を表示できない場合には，共同縁組を要しないとされています（同条ただし書）。

　　養子となる者が未成年者であるか否かについては，戸籍又はその謄抄本により生年月日を確認して，審査します。また，夫婦双方が当事者となっている縁組であるかについても，戸籍又はその謄抄本により確認して，審査します。

(6) 配偶者のある者が成年者と縁組をする場合に，その配偶者の同意を得ているか

　　夫婦の一方が成年者を養子とする場合又は養子となる場合は，単独で縁組をすることができますが，他の一方の同意を得なければならないとされています（民法796条本文）。ただし，例外として，夫婦が共同して縁組をする場合又は配偶者がその意思を表示することができない場合は，この同意は必要とはされていません（同条ただし書）。

　　配偶者のある者が単独で縁組をする場合には，届書に配偶者の同意を証する書面の添付により，又は届書に配偶者の同意する旨の記載とその署名により，配偶者の同意の有無を判断します。

(7) 15歳未満の者が養子となるときに法定代理人が代諾しているか，また，養子となる者の父母である監護者が他にいるときは，その者の同意を得ているか

　　養子となる者が15歳未満であるときは，その法定代理人が本人に代わって縁組を代諾することを要するとされ（民法797条1項），その届出は，その代諾権者がしなければならないとされています（戸籍法68条）。また，代諾権者である法定代理人のほかに養子となる者を監護すべきものと定められた父母がいるときは，その同意を得なければならないとされています（民法797条2項前段）。さらに，養子となる者に親権を停止されている父母がある場合は，この父母の同意を得なければならないとされています（同項後段）。

養子となる者が15歳未満である縁組届の受理に際しては，届出人の署名欄に法定代理人の署名がされているかを審査するとともに，戸籍又はその謄抄本からそれが正当な代諾権者であるか否かを審査しなければなりません。また，届書に監護者の同意を証する書面の添付により，又は届書に監護者の同意する旨の記載とその署名により，監護者の同意の有無を判断します。親権を停止された者の同意についても同様の手続が必要です。

(8) 未成年者を養子とする場合，家庭裁判所の許可の審判書謄本が添付されているか

未成年者を養子とするには，家庭裁判所の許可を要するとされています（民法798条）。養子となる者が15歳未満であるため法定代理人が代諾する場合でも，15歳以上であって自ら縁組をする場合にも許可を得なければならないとされています（裁判所職員総合研修所監修『親族法相続法講義案（七訂補訂版）』（司法協会，2015年）132頁）。ただし，自己又は配偶者の直系卑属を養子とする場合には，家庭裁判所の許可は必要ないとされています（民法798条ただし書）。

家庭裁判所の許可を得たときは，これを証するため，審判書の謄本を添付させることとされていますので，審判書の謄本の添付の有無について審査し，受否の判断をします。

(9) 証人は成年に達している者であるか

届出には，当事者双方及び成年の証人2人以上の署名が必要です。したがって，「証人」欄に成年の署名があるかどうか，署名した証人が成年に達しているかどうかは，証人欄に記載の生年月日で判断します。

第4 戸籍の処理

縁組が有効に成立すると，養子は，原則として，養親の氏を称し（民法810条），養親の戸籍に入ります（戸籍法18条3項）。ただし，養親となる者が，戸籍の筆頭に記載された者及びその配偶者以外である場合には，養親について新戸籍を編製し（戸籍法17条），その戸籍に養子を入籍させます。

また，養子が夫婦であるとき及び婚姻の際に氏を改めなかった夫又は妻が養子となったときは，養子夫婦について養親の氏で新戸籍を編製することとされています（戸籍法20条）。さらに，婚姻の際に氏を改めた夫又は妻が養子となったときは，その者は婚姻の際に定めた氏を称すべき間は，養親の氏を称しません（民法810条ただし書）ので，新戸籍を編製することなく，養子の身分事項欄に縁組事項を記載するだけです。

養子縁組届

夫婦が15歳以上の未成年者を養子とする縁組届を養親の本籍地にする事例

令和 5 年 12月15日 届出

東京都府中市 長 殿

受理 令和 5 年12月15日	発送 令和 年 月 日	
第 9316 号		長印
送付 令和 年 月 日		
第 号		
書類調査	戸籍記載	記載調査	附票	住民票	通知

養 子 に な る 人

(よみかた)	にしがわ しろう	養女 氏 名
氏 名	養子 氏 西川 名 四郎	
生 年 月 日	平成18 年 9 月 10日	年 月 日

住 所 (住民登録をしているところ)	東京都練馬区○○1丁目1番1号
	世帯主 の氏名 西川 武

本 籍 (外国人のときは国籍だけを書いてください)	東京都八王子市○○町2丁目3 ~~番地番~~
	筆頭者 の氏名 西川 武

父 母 の 氏 名	父 西川 武	続き柄 四男	父	続き柄 女
父母との続き柄	母 夏子		母	

入籍する戸籍 または 新しい本籍	☑養親の現在の戸籍に入る □養親の新しい戸籍に入る	□養子夫婦で新しい戸籍をつくる □養子の戸籍に変動がない
	東京都府中市○○3丁目3 ~~番地番~~	
	筆頭者 の氏名 甲野一郎	

監護をすべき者 の 有 無	(養子になる人が十五歳未満のときに書いてください) □届出人以外に養子になる人の監護をすべき□父 □母 □養父 □養母がいる □上記の者はいない

届出人署名 (※押印は任意)	西川四郎 印	印

届 出 人

(養子になる人が十五歳未満のときに書いてください。届出人となる未成年後見人が3人以上のときは、ここに書くことができない未成年後見人について、その他欄又は別紙（届出人全員が別紙の余白部分に署名してください。署名欄に押印をしている場合は、余白部分への押印でも差し支えありません。）に書いてください。)

資 格	親権者(□父 □養父) □未成年後見人 □特別代理人	親権者(□母 □養母) □未成年後見人
住 所		
本 籍	番地 筆頭者 番 の氏名	番地 筆頭者 番 の氏名
署 名 (※押印は任意)	印	印
生 年 月 日	年 月 日	年 月 日

届出地の府中市で届書を受領した日を記入します。

届書を養子の本籍地である八王子市へ送付するときに記入します。

養子縁組は，戸籍法の定めるところにより届け出ることによって，その効力が生じますので，必ず記載します。

届出は養親若しくは養子の本籍地又は所在地の市町村長にしなければなりません（戸籍法25条1項）。

住所は，住民登録をしているところを記入します。

届出時の養子となる者の本籍を記入します。

養子となる者の届出時の父母の氏名及び続柄を記入します。

養子が養親の戸籍に入籍すべきときは，その戸籍の表示を記入します。養子は，原則として，養親の氏を称して（民法810条），養親の戸籍に入ります。

届出人は縁組当事者である養子となる者です（戸籍法66条）。縁組前の氏名を記入します。

鉛筆や消えやすいインキで書かないでください。
本籍地でない役場に出すときは、2通または3通出してください（役場が相当と認めたときは、1通で足りることもあります。）。また、そのさい戸籍謄本も必要です。
養子になる人が未成年で養親になる人が夫婦のときは、一緒に縁組をしなければいけません。
養子になる人が未成年のときは、あらかじめ家庭裁判所の許可の審判を受けてください。
養子になる人が十五歳未満のときは、その法定代理人が署名してください。また、その法定代理人以外に監護をすべき者として父又は母（養父母を含む。）が定められているときは、その者の同意が必要です。
筆頭者の氏名欄には、戸籍のはじめに記載されている人の氏名を書いてください。

養 親 に な る 人		
（よみかた）氏 名	こう の いち ろう 養父 氏 甲野 名 一郎	こう の かず こ 養母 氏 甲野 名 和子
生 年 月 日	昭和41 年 3 月 12 日	昭和42 年 10 月 12 日
住 所（住民登録をしているところ）	東京都府中市○○3丁目3番3号	
	世帯主の氏名 甲野一郎	
本 籍（外人のときは国籍だけを書いてください）	東京都府中市○○3丁目3 番地番	
	筆頭者の氏名 甲野一郎	
そ の 他	養子西川四郎未成年につき 家庭裁判所の許可を得て縁組 添付書類　養子縁組許可審判書謄本	
新しい本籍（養親になる人が戸籍の筆頭者およびその配偶者でないときは、ここに新しい本籍を書いてください）		番地番
届出人署名（※押印は任意）	養父 甲野一郎 印	養母 甲野和子 印

証 人	
署 名（※押印は任意）	丁川博一 印	丁川花子 印
生 年 月 日	昭和34 年 6 月 7 日	昭和36 年 8 月 3 日
住 所	東京都八王子市○○町 3丁目4番5号	東京都八王子市○○町 3丁目4番5号
本 籍	東京都北区○○ 6丁目6 番地番	東京都北区○○ 6丁目6 番地番

届出人は縁組当事者である養親となる者です（戸籍法66条）。

届書には、成年の証人2人以上が署名することを要します。

未成年者を養子とする場合は、家庭裁判所の縁組許可の審判書謄本を添付します（戸籍法38条2項）。

養子縁組届

養親になる者が配偶者の同意を得て成年者を単独で養子とする縁組届を養子の本籍地にする事例

養 子 縁 組 届

令和 5 年 10月 9 日届出

東京都練馬区 長 殿

受理	令和 5 年10月 9 日		発送	令和 年 月 日		
第	21003 号					長 印
送付	令和 年 月 日					
第	号					
書類調査	戸籍記載	記載調査	附 票	住民票	通 知	

届出地の東京都練馬区で届書を受領した日を記入します。

届書を養親の本籍地である府中市へ送付するときに記入します。

	養 子 に な る 人		
(よみかた)	へい やま やす お	養女 氏 名	
氏 名	養子氏 丙山 名 康夫		
生 年 月 日	平成8 年 8 月 8 日	年 月 日	
住 所 (住民登録をしているところ)	東京都豊島区○○4丁目18番6号 世帯主の氏名 丙山太郎		
本 籍 (外国人のときは国籍だけを書いてください)	東京都練馬区○○3丁目3 番地 番 筆頭者の氏名 丙山太郎		
父母の氏名 父母との続き柄	父 丙山太郎 母 陽子	続き柄 三 男	父 母 続き柄 女
入籍する戸籍または新しい本籍	☑養親の現在の戸籍に入る □養子夫婦で新しい戸籍をつくる □養親の新しい戸籍に入る □養子の戸籍に変動がない 東京都府中市○○1丁目1 番地 番 筆頭者の氏名 乙野光男		
監護をすべき者の 有 無	(養子になる人が十五歳未満のときに書いてください) □届出人以外に養子になる人の監護をすべき □父 □母 □養父 □養母がいる □上記の者はいない		
届出人署名 (※押印は任意)	丙山康夫 印	印	

養子縁組は，戸籍法の定めるところにより届け出ることによって，その効力が生じますので，必ず記載します。

届出は養親若しくは養子の本籍地又は所在地の市町村長にしなければなりません（戸籍法25条1項）。

住所は，住民登録をしているところを記入します。

届出時の養子となる者の本籍を記入します。

養子となる者の届出時の父母の氏名及び続柄を記入します。

養子が養親の戸籍に入籍すべきときは，その戸籍の表示を記入します。養子は，原則として，養親の氏を称して（民法810条)，養親の戸籍に入ります。

届出人は縁組当事者である養子となる者です（戸籍法66条)。縁組前の氏名を記入します。

	届 出 人			
(養子になる人が十五歳未満のときに書いてください。届出人となる未成年後見人が3人以上のときは，ここに書くことができない未成年後見人について，その他欄又は別紙（届出人全員が別紙の余白部分に署名してください。署名欄に押印をしている場合は，余白部分への押印でも差し支えありません。）に書いてください。)				
資 格	親権者(□父 □養父) □未成年後見人 □特別代理人		親権者(□母 □養母) □未成年後見人	
住 所				
本 籍	番地 番 筆頭者の氏名		番地 番 筆頭者の氏名	
署 名 (※押印は任意) 生年月日	印 年 月 日		印 年 月 日	

鉛筆や消えやすいインキで書かないでください。
本籍地でない役場に出すときは、2通または3通出してください（役場が相当と認めたときは、1通で足りることもあります。）。また、そのさい戸籍謄本も必要です。
養子になる人が未成年で養親になる人が夫婦のときは、一緒に縁組をしなければいけません。
養子になる人が未成年のときは、あらかじめ家庭裁判所の許可の審判を受けてください。
養子になる人が十五歳未満のときは、その法定代理人が署名してください。また、その法定代理人以外に監護をすべき者として父又は母（養父母を含む。）が定められているときは、その者の同意が必要です。
筆頭者の氏名欄には、戸籍のはじめに記載されている人の氏名を書いてください。

		養 親 に な る 人		
（よみかた）		おつ の　　　みつ お	養母 氏	名
氏 名	養父 氏	乙野　　　光男 名		
生 年 月 日		昭和40 年 8 月 18 日	年 月 日	
住 所 （住民登録をして いるところ）	世帯主 の氏名	東京都豊島区○○6丁目6番6号 乙野光男		
本 籍 （外国人のときは 国籍だけを書い てください）	筆頭者 の氏名	東京都府中市○○1丁目1 　　　　　　　　　　　　番地 乙野光男		

そ の 他	この縁組に同意する。 養父の妻　乙野愛子

新しい本籍（養親になる人が戸籍の筆頭者およびその配偶者でないときは、ここに新しい本籍を書いてください）
　　　　　　　　　　　　　　　　　　　　　　　　　　　　　　　　　　番地
　　　　　　　　　　　　　　　　　　　　　　　　　　　　　　　　　　番

届 出 人 署 名 （※押印は任意）	養父 乙野光男 　　印	養母 　　印

	証 人	
署 名 （※押印は任意）	甲山勝一 　　印	甲山秋子 　　印
生 年 月 日	昭和41 年 2 月 12 日	昭和43 年 10 月 15 日
住 所	さいたま市浦和区○○ 1丁目1番1号	さいたま市浦和区○○ 1丁目1番1号
本 籍	さいたま市浦和区○○ 1丁目1　　番地	さいたま市浦和区○○ 1丁目1　　番地

届書には，成年の証人2人以上が署名することを要します。

夫婦の一方が成年者を養子とするときは，配偶者の同意を得なければなりません。

第7章 養子離縁届

第1 概説

　養親子関係及び縁組によって生じた養子と養方との親族関係は，離縁によって解消します。

　普通養親子間の離縁とは，当事者の双方又は一方の意思に基づき養親子関係を終了させることであるとされます（裁判所職員総合研修所監修『親族法相続法講義案（七訂補訂版）』（司法協会，2015年）139頁）。

　普通養親子間の離縁の方法には，協議離縁（民法811条）と，調停離縁・審判離縁（家事事件続法244条，257条，284条），裁判離縁（民法814条，人事訴訟法2条3号），和解離縁・認諾離縁（人事訴訟法44条）があります。協議による離縁は，当事者の双方に離縁をする意思が必要ですが，特に離縁すべき原因のあることを要しません。なお，協議による離縁については，戸籍法上の届出をし，その届出が市町村長に受理されることによって成立します（民法812条，739条1項，戸籍法70条，72条）。協議による離縁ができない場合は，裁判上の離縁の手続をとることができます。裁判離縁とは，法定の原因に基づき当事者の一方が他方に対して養親子関係の解消を求める訴えを提起し，請求認容の確定判決により成立する離縁です。

　裁判上の離縁をするには，まず，家庭裁判所に調停を申し立てなければならないとされています（調停前置主義，家事事件手続法257条）。調停において当事者間に合意が成立し，これが調停調書に記載されたときには，調停が成立したものとし，その記載は，確定判決と同一の効力を有するものとされています（同法268条1項）。

　家庭裁判所は，調停が成立しない場合において相当と認めるときは，職権で，調停に代わる審判をすることができるとされています（家事事件手続法284条）。そして，この審判に対して異議の申立てがないとき，又は異議の申立てを却下する審判が確定したときは，確定判決と同一の効力を有するとされています（同法286条，287条）。

　なお，離縁の訴訟において，離縁をする旨の和解が成立し，これを調書に記載したときは，確定判決と同一の効力を生ずることになるとされています（民事訴訟法267条，人事訴訟法44条による37条の準用）し，また，離縁の訴訟において，請求の認諾がされ，これを調書に記載したときも，確定判決と同一の効力が生ずるものとされています（民事訴訟法266条，267条，人事訴訟法44条による37条の準用）。

　また，民法は，縁組当事者の一方が死亡した場合には，婚姻の場合と異なって，縁組関係が解消するものとはしていないため，縁組当事者の一方が死亡した後に生存当事者が養親子関係を終了させようとする場合には，家庭裁判所の許可を得て離縁することができるとしています（民法811条6項）。これを死後離縁といいます（裁判所職員総合研修所監

修『親族法相続法講義案（七訂補訂版）』（司法協会，2015年）139頁）。この離縁も届出によって効力を生じるものであり，その届出は創設的届出であるとされています。したがって，この場合の届出には成年の証人2人以上の連署と，家庭裁判所の離縁許可の審判書謄本の添付を要するものとされています（戸籍法38条2項）。

第2 離縁の届出・審査に必要な知識

1 協議離縁

　縁組当事者は，その協議によって離縁することができます（民法811条1項）。協議離縁が有効に成立するためには，実質的要件として当事者の離縁意思の合致を要するほか，形式的要件として法定の届出を市町村役場に提出し，受理されることが必要です。

(1) 実質的要件

ア　離縁意思の合致

　縁組当事者は，その協議によって離縁をすることができます（民法811条1項）。特に離縁原因となるべき事由のあることを要せず，当事者間に離縁意思の合致があれば足りるとされています（裁判所職員総合研修所監修『親族法相続法講義案（七訂補訂版）』（司法協会，2015年）139頁）。この協議は，当事者自身がすることを要し，当事者が成年被後見人でも意思能力を回復している場合には，協議をすることができ，成年後見人の同意を要しないとされています（民法812条，738条，戸籍法32条）。また，未成年者でも15歳以上である場合は，意思能力を有している限り，当事者となることができるとされています。

イ　養子が15歳未満の場合

　15歳未満の養子が離縁する場合には，意思能力の有無にかかわらず，離縁後にその法定代理人となるべき者（養子の実父母）が養子に代わって離縁の協議をします。養子の実父母が婚姻を継続している場合には，養子の離縁後に養子に対する親権を回復することとなる父母が，養子に代わって離縁の協議をします（民法811条2項）。養子縁組成立後に養子の父母が離婚した場合には，その父母の協議により，養子の離縁後の親権者を定めなければならないとされています（同条3項）。協議が調わないとき，協議をすることができないときは，家庭裁判所が，養子の父母又は養親の請求により，協議に代わる審判をします（同条4項）。さらに，養子離縁後の法定代理人となるべき者がないときは，養子の親族その他の利害関係人の請求によって，家庭裁判所が養子離縁後にその後見人となるべき者を選任します（同条5項）。

　　ウ　縁組当事者の一方が夫婦の場合
　　①成年者との離縁
　　　養親が夫婦の場合に，成年者である養子と離縁するには，養親が配偶者と共に
　縁組をした場合であっても，養親夫婦の一方のみで離婚することができます（民
　法811条の2）。
　　②未成年者との離縁
　　　養親が夫婦である場合に，未成年者である養子と離縁をするには，養親が配偶
　者とともに養子をした場合のみでなく，個別に養子をした場合にも，夫婦がとも
　にしなければなりません（民法811条の2本文）。ただし，この場合，養親夫婦
　の一方が心神喪失，行方不明等の事由によってその意思を表示することができな
　いときは，他の一方が単独で離縁することができます（同条ただし書）。

(2) 形式的要件

　　協議離縁は，戸籍法上の届出をし，その届出が市町村長に受理されることによっ
て成立します（民法812条，739条）。届出は，当事者双方及び成年の証人2人以
上が署名した書面で又は口頭でしなければなりません（民法739条2項，戸籍法
27条）。協議離縁届は，創設的届出です。

　ア　届書の記載事項
　　　戸籍の各届書に共通する記載事項（戸籍法29条）のほか，協議離縁届に特有
　な次の事項を記載します。
　　①養子が縁組前の戸籍に入籍すべきときは，その戸籍の表示を届書に記載しなけ
　ればなりません（戸籍法19条，30条1項）。
　　　養子は離縁により，通常の場合は縁組前の氏に復するので，単身の養子は縁組
　前の戸籍に復籍します。
　　②養子について新戸籍を編製すべきときは，その旨，新戸籍編製の原因及び新本
　籍を届書に記載しなければなりません（戸籍法19条，30条1項）。
　　③養親が夫婦であって，未成年者と離縁する場合において，夫婦の一方が心神喪
　失，行方不明等の理由によりその意思を表示することができないときは，届書の
　「その他」欄に，配偶者がその意思を表示することができない旨及びその事由を
　記載させるものとされています（昭和62・10・1民二5000号通達）。

　イ　届出人
　　　縁組当事者である養親及び養子が届出人です（戸籍法70条）。養子が15歳未
　満であるときは，養子の離縁後に法定代理人となるべき者が養子に代わって離縁
　の協議をし，届出人となります。（戸籍法71条）。

　ウ　証人
　　　協議離縁の届書には，成年の証人2人以上が，出生年月日，住所，本籍を記載
　し署名しなければならないとされています（民法812条，739条2項，戸籍法33条）。

エ　届出地

　　養親若しくは養子の本籍地又は届出人の所在地です（戸籍法 25 条）。

2　裁判による離縁

　　裁判による離縁には，判決による離縁，調停による離縁，審判による離婚，和解による離縁，認諾による離縁があります。裁判による離縁は，判決や審判が確定したとき又は調停が成立したときにその効力が発生しますので，裁判を申し立てた者は裁判が確定した日から 10 日以内に裁判の謄本を添付して離縁の届出（報告的届出）をしなければなりません（戸籍法 73 条，63 条）。この届書には，裁判が確定した日を記載しなければならないとされています（同条）。

(1)　判決による離縁

　　判決による離縁とは，法定の原因に基づき当事者の一方が他方に対して養親子関係の解消を求める訴えを提起し，請求認容の確定判決によって成立する離縁です（裁判所職員総合研修所監修『親族法相続法講義案（七訂補訂版）』（司法協会，2015 年）142 頁）。

ア　離縁原因

　　①他の一方から悪意で遺棄されたとき。
　　②他の一方の生死が 3 年以上明らかでないとき。
　　③その他縁組を継続し難い重大な事由があるとき。

　　上記離縁原因のうち，①・②に当たる事由があっても，裁判所は一切の事情を考慮して養親子関係の継続を相当と認めるときは，離縁の請求を棄却することができるとしています（民法 814 条 2 項，770 条 2 項）。

イ　裁判離縁の当事者

　　訴えの当事者は，縁組当事者です。ただ，養子が 15 歳未満の場合には，離縁後に法定代理人となるべき者が当事者となります（民法 815 条，811 条 2 項〜5 項）。また，当事者が成年被後見人である場合には，その後見人が成年被後見人のために訴え，又は訴えられることができるとされています（人事訴訟法 14 条）。

(2)　調停離縁・審判離縁

　　離縁の訴えを提起しようとする者は，訴えの提起に先立って，家庭裁判所に対して調停の申立てをしなければなりません（家事事件手続法 257 条 1 項）。調停前置主義といいます。調停において当事者間に離縁の合意が成立し，これが調停調書に記載されときは，調停が成立したものとして，その記載は確定判決と同一の効力を有します（同法 268 条 1 項）。調停による離縁によって養子縁組が解消します。

　　調停が成立しない場合でも，家庭裁判所は相当と認めるときは，調停委員会の意

見を聴いて，調停に代わる離縁の審判をすることができます（同法284条1項）。この審判に対しては，当事者が異議を申し立てることができるのですが（同法286条1項），審判に対して異議の申立てがなく，確定したときは，確定判決と同一の効力を有するとされます（同法286条，287条）。この調停に代わる審判によって，養子縁組が解消します。

(3) 和解・認諾による離縁

離縁の訴訟において，離縁をする旨の和解が成立し，これを調書に記載したときは，確定判決と同一の効力が生じます。また，離縁の訴訟において，請求の認諾がされ，これを調書に記載したときは，確定判決と同一の効力が生じます。

第3　養子離縁届書の審査上の留意点

市町村長は，養子離縁の届出がなされたときは，民法に規定された実質的要件及び戸籍法等に規定された形式的要件を具備しているか，その他関連する法令に違反していないかを審査します。

(1) 届出事件本人の特定及び不受理申出の有無の確認

離縁届の当事者の氏名等については，戸籍又は当事者が届書に添付した戸籍謄本等の記載を照合して，同一性を確認します。

離縁届の離縁意思については，届出人の署名欄に署名されているか，及び証人欄の記載の有無を確認します。また，市町村長は，離縁届出の受理に際しては，虚偽の離縁届出を未然に防止するため，窓口に出頭した者が届出事件の本人であるかどうか確認しなければなりません。その確認をすることができなかったときは，離縁届出につき不受理申出がされているか否かを確認の上，当該離縁届出の受否の判断をします。

(2) 15歳未満の養子が離縁する場合に，離縁後にその法定代理人となるべき者から届出がされているか

15歳未満の養子が離縁する場合は，離縁後に養子の法定代理人となるべき者が養子に代わって離縁の協議をしますが（民法811条2項），この協議をする者が届出人となります（戸籍法71条）。戸籍又は戸籍謄抄本によって，養子の離縁後においてその法定代理人となるべき者であるかどうかを審査するとともに，届書の届出人欄に，正当な届出人として署名がされているかどうかを審査します。

(3) 離縁時に養子が未成年である場合に，養親夫婦が共同して離縁をしているか

養父母が婚姻中に未成年養子と離縁する場合には，各別に縁組していたときでも共同離縁を要することとされています（民法811条の2）。

したがって，離縁時に養子が未成年である場合には，養親が婚姻中であるかどう

かを戸籍又は戸籍謄（抄）本により確認した上で，夫婦が共同で離縁しているかどうかについて審査する必要があります。

(4) 死後離縁届に家庭裁判所の許可審判書の謄本が添付されているか

縁組当事者の一方が死亡した後に生存当事者が養親子関係を終了させようとする場合は，家庭裁判所の許可を得て離縁することができます（民法811条6項）。この離縁も，届出によって効力を生ずるものであり，届出は創設的届出であるとされます。届出には，成年の証人2人以上の連署と家庭裁判所の離縁許可の審判書謄本及び確定証明書の添付が必要とされています（戸籍法38条2項）。

届出を受理するに当たっては，家庭裁判所の離縁許可の審判書謄本及び確定証明書が添付されているかを審査するとともに，証人の署名の有無，証人が成年に達しているかどうかについても審査する必要があります。

(5) 裁判上の離縁の届書に，判決又は審判の確定した年月日が記載されているか

裁判上の離縁においては，判決又は審判が確定したとき，又は調停が成立したとき，和解が成立したとき，請求を認諾したときに離縁の効力が生じます。

裁判上の離縁の届書には，訴えを提起した者が一般的記載事項（戸籍法29条）のほか離縁の判決が確定した日（離縁の調停が成立した日，調停に代わる審判が確定した日，裁判上の和解又は請求の認諾により離縁が成立した日）を記載して，届け出なければならないとされています（戸籍法73条，63条1項後段）。

届書の受理に際しては，上記で述べた離縁の効力が発生した日が記載されているかどうか，また，その年月日が添付の裁判の謄本の年月日と相違していないかを審査します。

(6) 裁判上の離縁の届出が訴えを提起した者又は調停の申立人からなされているか

裁判上の離縁が成立したときは，訴えを提起した者（又は調停の申立人）は，裁判が確定した日から10日以内に裁判の謄本を添付して離縁の届出をしなければなりません（戸籍法73条，63条1項）。そこで，この届出がこれらの届出義務者からなされているかどうかについて，添付の裁判の謄本と照合して確認する必要があります。また，この者が上記の期間内に離縁の届出をしないときは，その相手方からも届出をすることができるとされてます（戸籍法73条，63条2項）ので，相手方から届出がされたときは，上記期間が経過しているかどうかについても審査します。

第4　戸籍の処理

(1) 原則

縁組によって養親の氏を称した養子は，離縁により縁組前の氏に復し（民法816条1項），原則として縁組前の戸籍に入ります（戸籍法19条）。離縁により養子が

復する縁組前の氏とは，当該縁組の直前の養子の戸籍上の氏を指すと解されていますので，転縁組をした養子が離縁後に称する氏は，その直前の縁組の際の養親の氏であるとされます。

復氏すべき実方の氏が戸籍法107条1項の規定によって変更されている場合には，民法上の氏に変更はないので，変更後の氏に復するとされています（昭和23・1・13民事甲17号通達）。

(2) 例外

夫婦共同縁組をした養親の一方と養子が離縁する場合には，養子は復氏せず縁氏を称します（民法816条1項ただし書）。この場合には，戸籍の変動もありません。

(3) 戸籍の記載

離縁の届出がなされた場合は，養親及び養子双方の縁組継続中の戸籍の身分事項欄及び養子の離縁後の戸籍の身分事項欄に離縁事項を記載します（戸籍法13条，戸籍法施行規則35条3号）。

第5　離縁の際の氏を称する届出（戸籍法73条の2の届出）

1　概説

養子縁組によって氏を改めた養子は，離縁によって，原則として縁組前の氏に復することになります（民法816条1項）が，養子が縁組の日から7年を経過した後に，離縁によって縁組前の氏に復した者は，離縁の日から3か月以内に戸籍法の定めるところにより届け出ることによって，離縁の際に称していた氏を称することができます（民法816条2項，戸籍法73条の2）。また，縁組の取消しにより縁組前の氏に復した者も，民法808条2項による同法816条2項の準用により，離縁の場合と同様の要件により，縁組中の氏を称することができます（戸籍法69条の2）。

2　戸籍法73条の2の届出

(1) 届出の方法

戸籍法73条の2の届出は，離縁により復氏した者が縁組前の戸籍に復籍し（同法19条1項本文），又は新戸籍を編製した（同項ただし書）後において，することができるとともに，離縁の届出と同時にすることもできます（昭和62・10・1民二5000号通達）。

(2) 届出人

届出人は，離縁によって縁組前の氏に復した者本人です。離縁をした者に意思能力がない場合であっても，その法定代理人が代わって届出をすることはできないと

されています。したがって，離縁をした者が15歳以上である場合に限りこれをすることができ，15歳未満である場合は，届出をすることができないとされています（民事法務協会編『新版実務戸籍法』（民事法務協会，2001年）151頁）。

(3) 届出期間

　離縁をした日から3か月以内です。この届出期間については，戸籍法43条の規定の適用はなく，民法の期間計算に関する一般原則に従い，離縁の日の翌日から起算し（民法140条），満了日は，3か月後のその起算日に応答する日の前日をもって満了するとされています（民法143条2項。前掲書152頁）。

3　戸籍の処理

(1) 戸籍の変動

ア　離縁の届出と同時に戸籍法73条の2の届出をした場合

　離縁によって復氏すべき者が協議離縁の届出と同時に戸籍法73条の2の届出をした場合は，その者について，直ちに，離縁の際に称していた氏で新戸籍を編製します（戸籍法19条3項）。裁判離縁，特別養子離縁又は外国の方式による離縁の報告的届出と同時に戸籍法73条の2の届出があった場合も同様であるとされています（前掲書）。

イ　離縁の届出によって復籍又は新戸籍編製をした後において戸籍法73条の2の届出をした場合

　①離縁によって復籍した者から，戸籍法73条の2の届出をした場合において，その者を戸籍の筆頭に記載した戸籍が編製されていないときは，その者について新戸籍を編製します（戸籍法19条3項）。

　②離縁によって復氏した者が戸籍法73条の2の届出をした場合において，その者が戸籍の筆頭に記載されていて，かつ，その戸籍に同籍者があるときは，その届出をした者について新戸籍を編製します（戸籍法19条3項）。

　なお，戸籍法73条の2の届出と同時に同籍する子全員から同籍する旨の入籍の届出があったときも，戸籍法73条の2の届出をした者について新戸籍を編製します（前掲書）。

ウ　離縁によって復氏した者が戸籍法73条の2の届出をした場合において，その者が戸籍の筆頭に記載されているが，その戸籍に同籍者がないとき，戸籍法107条1項の規定による氏の変更の場合の記載に準じて戸籍の記載をします（昭和62・10・1民二5000号通達）。

(2) 離縁前の子の入籍

　戸籍法73条の2の届出をした者の子が離縁前の戸籍に在籍している場合において，その者がこの届出をした父又は母の戸籍に入りその氏を称するには，民法上の氏を異にしているので，民法791条1項から3項まで及び戸籍法98条の規定によ

る入籍の届出によってしなければならないとされています（前掲書 153 頁，昭和 62・10・1 民二 5000 号通達）。

④　戸籍法 73 条の 2 の届書の審査上の留意点

戸籍法 73 条の 2 の届出の審査に当たって留意すべき事項は次のとおりです。

(1)　離縁によって縁組前の氏に復した者であるか

民法は，戸籍法 73 条の 2 の届出をすることができるのは，離縁によって「縁組前の氏に復した者」であると規定しています（民法 816 条 2 項）。したがって，離縁をしても氏に変動がない者，又は離縁により縁組前の氏以外の氏を称することとなる者は，戸籍法 73 条の 2 の届出をすることはできないことになります。例えば，配偶者と共に養子をした養親の一方のみと離縁した場合（民法 816 条 1 項ただし書）や相手方の氏を称する婚姻をした養子が，その婚姻継続中に離縁をした場合などは，いずれも離縁によって縁組前の氏に復しないので，この届出はできません。

上記要件については，届書の記載及び戸籍又は戸籍の謄（抄）本の記載により審査し，当否を判断することになります。

(2)　縁組の日から 7 年を経過した後に離縁をしているか

縁氏続称の届出をすることができるのは，縁組の日から 7 年を経過した後に離縁した場合に限られます（民法 816 条 2 項）。

縁組の日とは，普通養子縁組については，その届出をした日です。なお，特別養子縁組についての縁組の日とは，家庭裁判所の審判が確定した日であり，外国の方式による縁組については，外国の方式による縁組が成立した日です。また，「縁組の日から 7 年を経過した後」とは，縁組の日から継続して 7 年が経過したということですから，縁組の期間を通算して 7 年を超えることになるという場合は，これに含まれないとされています。すなわち，一旦離縁をした後，再び同一人の養子となり，更にその後離縁をしたという場合において，前の縁組と後の縁組の期間を合算すると 7 年を経過することになるという場合には，「縁組の日から 7 年を経過した後」には該当しないとされています（木村三男・神崎輝明『全訂　戸籍届書の審査と受理』（日本加除出版，2019 年）354 頁）。

上記の要件については，届書に「縁組の年月日」を記載することとされていますので，その年月日について戸籍又は戸籍の謄（抄）本の記載と照合して，要件を満たしているかどうかを審査します。

(3)　離縁の日から 3 か月以内に届出がされているか

戸籍法 73 条の 2 の届出は，離縁の日から 3 か月以内に限って認められます。届書には「離縁の年月日」を記載すべきものとされていますので，その年月日について戸籍又は戸籍の謄（抄）本の記載と照合し，要件を具備しているか否かを審査します。

養子離縁届

15歳未満の養子に代わって親権者となるべき実父母が協議離縁届を養親の本籍地の市町村長にする事例

養 子 離 縁 届

受理 令和 5 年 8 月 7 日	発送 令和 5 年 8 月 7 日
第 3865 号	東京都渋谷区 長印

令和 5 年 8 月 7 日届出

送付 令和 年 月 日	
第 号	
書類調査 ☑戸籍記載 記載調査 附 票 住民票 通 知	

東京都渋谷区 長 殿

		養	子		
(よみかた)	こう の	ただし	養女 氏		名
氏 名	養子 氏 甲野	名 忠			
生 年 月 日	平成 24 年 3 月 12 日			年 月 日	
住 所 (住民登録をしているところ)	東京都中野区○○町3丁目4番5号				
	世帯主 の氏名 乙川英雄				
本 籍 (外国人のときは国籍だけを書いてください)	東京都渋谷区○○町1丁目1			番地 番	
	筆頭者 の氏名 甲野一郎				
父母の氏名	父 乙川英雄	続き柄	父		続き柄
父母との続き柄	母 花子	三男	母		女
離縁の種別	☑協議離縁 □調停 年 月 日成立 □審判 年 月 日確定 □死亡した者との離縁 年 月 日許可の審判確定	□和解 年 月 日成立 □請求の認諾 年 月 日認諾 □判決 年 月 日確定			
離縁後の本籍	☑もとの戸籍にもどる □新しい戸籍をつくる □養子の戸籍に変動がない				
	東京都中野区○○町3丁目4 番地 番		筆頭者 の氏名 乙川英雄		
届出人署名 (※押印は任意)	印			印	

届 出 人

(離縁する養子が十五歳未満のときに書いてください。届出人となる未成年後見人が3人以上のときは、ここに書くことができない未成年後見人について、その他欄又は別紙（届出人全員が別紙の余白部分に署名してください。署名欄に押印をしている場合は、余白部分への押印でも差し支えありません。）に書いてください。)

資 格	離縁後の 親権者 (☑父 □養父) □未成年後見人	離縁後の 親権者 (☑母 □養母) □未成年後見人
住 所	東京都中野区○○町 3丁目4番5号	左と同じ
本 籍	東京都中野区○○町3丁目 4 番地 番 筆頭者 の氏名 乙川英雄	左と同じ 番地 番 筆頭者 の氏名
署 名 (※押印は任意)	乙川英雄 ㊞	乙川花子 ㊞
生 年 月 日	昭和62 年 12 月 18 日	昭和63 年 4 月 8 日

届出地の東京都渋谷区で届書を受領した日を記入します。

届書を養子の本籍地である中野区へ送付するときに記入します。

協議離縁は，戸籍法の定めるところにより届け出ることによって効力を生じますので，必ず記載します。

協議離縁届の届出地は，養親若しくは養子の本籍地又は届出人の所在地です（戸籍法25条）。

住民登録をしているところを記入します。

離縁の届出時に在籍する戸籍を記入します。

届出時の実父母の氏名及び続柄を記入します。

離縁の種類を記入します。

養子が縁組前の戸籍に入籍するときは，その戸籍を表示します。

離縁届の届出人は，離縁の当事者である養親及び養子ですが，養子が15歳未満である場合は，養子の離縁後に法定代理人となるべき者が養子に代わって離縁の協議をし，この協議をする者が届出人となります。

鉛筆や消えやすいインキで書かないでください。

本籍地でない役場に出すときは、2通または3通出してください（役場が相当と認めたときは、1通で足りることもあります。）。また、そのさい戸籍謄本も必要です。

養子が十五歳未満のときは、離縁後に法定代理人となる人が署名してください。

筆頭者の氏名欄には、戸籍のはじめに記載されている人の氏名を書いてください。

裁判離縁、死亡した者との離縁のときは、次のものが必要です。

調停離縁 → 調停調書の謄本　　　　　　認諾離縁 → 認諾調書の謄本
審判離縁 → 審判書の謄本と確定証明書　判決離縁 → 判決書の謄本と確定証明書
和解離縁 → 和解調書の謄本　　　　　　死亡した者との離縁 → 許可の審判書の謄本と確定証明書

	養　　　　　親			
（よ み か た）	こう の	いち ろう	こう の	かず こ
氏　　　　　名	養父 氏 甲野	名 一郎	養母 氏 甲野	名 和子
生 年 月 日	昭和53 年 6 月 5 日		昭和53 年 9 月 12 日	
住　　　　　所 （住民登録をしているところ）	東京都渋谷区○○3丁目4番5号			
	世帯主の氏名 甲野一郎			
本　　　　　籍 （外国人のときは国籍だけを書いてください）	東京都渋谷区○○1丁目1			番地 番
	筆頭者の氏名 甲野一郎			
そ の 他				
届 出 人 署 名 （※押印は任意）	養父 甲野一郎 ㊞		養母 甲野和子 ㊞	

	証　　　　　　　人	
	（協議離縁または死亡した者との離縁のときだけ必要です）	
署　　名 （※押印は任意）	丙山三郎 ㊞	丁丘陽子 ㊞
生 年 月 日	昭和54 年 2 月 2 日	昭和58 年 10 月 8 日
住　　　　　所	東京都墨田区○○ 1丁目1番1号	東京都江戸川区○○ 6丁目6番6号
本　　　　　籍	東京都墨田区○○ 1丁目1　　番地番	東京都江戸川区○○ 6丁目6　　番地番

離縁届の届出人は，縁組当事者である養親です。

成年の証人2人以上が，出生の年月日，住所，本籍を記載し，署名します。

養子離縁届

死亡養子との離縁届を養親の本籍地の市町村長にする事例

養 子 離 縁 届

令和 5 年 9 月 10日 届出

東京都中野区 長 殿

受理	令和 5 年 9 月 10日	発送 令和　年　月　日
第　　4167　　号		
送付 令和　年　月　日		長 印
第　　　　　　号		
書類調査	戸籍記載	記載調査	附 票	住民票	通 知	

届出地の東京都中野区で届書を受領した日を記入します。

この死後離縁は，届出によってその効力を生ずる創設的届出です。

	養　　　　　子	
（よみかた） 氏　　名	こう の　　　ただ お 養子 氏　　　名 **甲野　　忠男**	養女 氏　　　　名
生 年 月 日	平成10 年 2 月 1 日	年　　月　　日
住　　所 （住民登録をして いるところ）	世帯主 の氏名	
本　　籍 （外国人のときは 国籍だけを書い てください）	東京都府中市○○1丁目1　　　　番地 筆頭者 の氏名 **甲野忠男**	番
父母の氏名	父 **乙川博**　　続き柄	父　　　　　　　続き柄
父母との続き柄	母 **花子**　　二 男	母　　　　　　　　　女
離縁の種別	□協議離縁 □調停　　　年　　月　　日成立 □審判　　　年　　月　　日確定 ☑死亡した者との離縁　令和5年 9 月 1 日許可の審判確定	□和解　　　　　年　　月　　日成立 □請求の認諾　　年　　月　　日認諾 □判決　　　　　年　　月　　日確定
離縁後の本籍	□もとの戸籍にもどる　□新しい戸籍をつくる　☑養子の戸籍に変動がない 　　　　　　　　　　　　　　番地　筆頭者 　　　　　　　　　　　　　　番　　の氏名	
届出人署名 （※押印は任意）	印	印

養子は死亡しているので住所はありません。

届出時の実父母の氏名及び続柄を記入します。

届　　出　　人

（離縁する養子が十五歳未満のときに書いてください。届出人となる未成年後見人が3人以上のときは，ここに書くことができない未成年後見人について，その他欄又は別紙（届出人全員が別紙の余白部分に署名してください。署名欄に押印をしている場合は，余白部分への押印でも差し支えありません。）に書いてください。）

資　　格	離縁後の 親 権 者（□父 □養父）□未成年後見人	離縁後の 親 権 者（□母 □養母）□未成年後見人
住　　所		
本　　籍	番地　筆頭者 番　　の氏名	番地　筆頭者 番　　の氏名
署　　名 （※押印は任意）	印	印
生 年 月 日	年　　月　　日	年　　月　　日

鉛筆や消えやすいインキで書かないでください。
本籍地でない役場に出すときは、2通または3通出してください（役場が相当と認めたときは、1通で足りることもあります。）。また、そのさい戸籍謄本も必要です。
養子が十五歳未満のときは、離縁後に法定代理人となる人が署名してください。
筆頭者の氏名欄には、戸籍のはじめに記載されている人の氏名を書いてください。
裁判離縁、死亡した者との離縁のときは、次のものが必要です。
　　調停離縁 → 調停調書の謄本　　　　　　　　認諾離縁 → 認諾調書の謄本
　　審判離縁 → 審判書の謄本と確定証明書　　　判決離縁 → 判決書の謄本と確定証明書
　　和解離縁 → 和解調書の謄本　　　　　　　　死亡した者との離縁 → 許可の審判書の謄本と確定証明書

	養		親	
（よみかた）	こう の	ひろし	こう の	よう こ
氏　　　名	養父氏 甲野	名 博	養母氏 甲野	名 洋子
生 年 月 日	昭和37 年 6 月 5 日		昭和38 年 9 月 12 日	
住　　　所 （住民登録をしているところ）	東京都中野区○○2丁目2番2号			
	世帯主の氏名 甲野一郎			
本　　　籍 （外国人のときは国籍だけを書いてください）	東京都中野区2丁目2 番地番			
	筆頭者の氏名 甲野一郎			

その他	添付書類 家庭裁判所の審判書謄本及び確定証明書

届 出 人 署 名 （※押印は任意）	養父 甲野一郎 　印	養母 甲野和子 　印

証	人	
（協議離縁または死亡した者との離縁のときだけ必要です）		
署　　　名 （※押印は任意） 生 年 月 日	丙山三郎 ㊞	丁丘陽子 ㊞
	昭和54 年 2 月 2 日	昭和58 年 10 月 8 日
住　　　所	東京都墨田区○○ 3丁目3番3号	東京都江戸川区○○ 5丁目5番5号
本　　　籍	東京都墨田区○○ 3丁目3 番地番	東京都江戸川区○○ 4丁目4 番地番

養親は，養子の死亡後に家庭裁判所の許可を得て離縁することができますが，この場合は，養親が家庭裁判所に対する離縁の許可の申立て及び離縁の届出をします。

届書には，成年の証人2人以上が署名することを要します。

届書には，家庭裁判所の離縁許可の審判書の謄本及び確定証明書を添付することを要します。

戸籍法73条の2の届出

離縁の届出と同時に養子から離縁の際の氏を称する届出が養親の本籍地に届出され, 養子について新戸籍を編製する事例

離縁の際に称していた氏を称する届
(戸籍法73条の2の届)

令和10年 5月 25日 届出

東京都千代田区 長 殿

受理	令和10年 5月 25日	発送	令和10年 4月 2日
第	1359 号		長印
送付	令和 年 月 日		
	第 号		

書類調査	戸籍記載	記載調査	附 票	住民票	通 知

(1)	(よみかた) 離縁の際に称していた人の氏名	(現在の氏名、離縁届とともに届け出るときは離縁前の氏名) へいかわ / あけみ 氏 丙川 名 明美	平成10年 8月 3日生
(2)	住 所 (住民登録をしているところ)	東京都千代田区平河町1丁目 2番 3号 世帯主の氏名 丙川明美	
(3)	本 籍	(離縁届とともに届け出るときは、離縁前の本籍) 東京都千代田区平河町1丁目4 番地 筆頭者の氏名 丙川 太	
(4)	(よみかた) 氏	変更前 (現在称している氏) 丙川	変更後 (離縁の際称していた氏) へいかわ 丙川
(5)	縁組年月日	令和2年 2月 15日	
(6)	離縁年月日	令和10年 5月 25日	
(7)	離縁の際に称していた氏を称した後の本籍	((3)欄の筆頭者が届出人と同一で同籍者がない場合には記載する必要はありません) 東京都千代田区平河町1丁目2 番地 筆頭者の氏名 丙川 明美	
(8)	その他		
(9)	届出人署名 (※押印は任意) (変更前の氏名)	丙川明美 印	

届出地の東京都千代田区で届書を受領した日を記入します。

届出期間は, 離縁の日から3か月以内に限られます。
なお, この届出は, 離縁の届出と同時にすることもできます。

この届出は, 養子縁組の日から7年以上経過していることが必要です。

届出人は, 離縁によって縁組前の氏に復した者に限られます。15歳未満である場合は, 届出をすることができません。

第8章 特別養子縁組届

第1 概説

　わが国の養子制度としては，普通養子制度のほかに特別養子制度があります。特別養子制度は，養子縁組成立の日から実親との親族関係を消滅させ，養親との間に実親子と同様の親子関係を作ろうとするもので，専ら子の利益を図るための養子制度であるとされています（裁判所職員総合研修所監修『親族法相続法講義案（七訂補訂版）』（司法協会，2015年）145頁）。

　特別養子制度は，昭和62年の民法改正によって創設されたものですが，今般，「民法等の一部を改正する法律」（令和元年法律第34号。令和2年4月1日施行。以下「特別養子改正法」という。）により，特別養子縁組における養子候補者の上限年齢が引き上げられるとともに，特別養子縁組の成立の手続が見直されました。

第2 特別養子縁組の成立

　民法は，「家庭裁判所は，817条の3から817条の7までに定める要件があるときは，養親となる者の請求により，実方の血族との親族関係が終了する縁組（特別養子縁組）を成立させることができる。」と規定しています（民法817条の2）。

1 特別養親となる者の要件

(1) 夫婦共同縁組の原則

　養親となることができる者は配偶者のある者に限られ，しかも，夫婦の一方が他の一方の実子である嫡出子又は特別養子と縁組をする場合を除き，夫婦がともに養親となることを要するとされています（民法817条の3）。

(2) 養親となる者の年齢

　養親は，25歳以上でなければならないとされていますが，夫婦の一方が25歳以上であれば，他方は20歳に達していることで足りるとされています（民法817条の4）。

❷　特別養子となる者の要件

(1) 養子となる者の年齢

ア　原則

　　民法は，特別養子改正法により，特別養子縁組における養子となる者は，原則として，縁組成立の審判の申立ての時点で15歳未満でなければならないとされています（民法817条の5第1項前段）。特別養子改正法の施行前においては，特別養子縁組における養子となる者は，原則として，縁組成立の審判申立て時に6歳未満でなければならないとされていました（特別養子改正法の施行前の民法817条の5）。

イ　例外

　　特別養子改正法は，養子となる者が15歳に達する前から引き続き養親となる者に監護されており，かつ，15歳に達するまでに特別養子縁組の成立の審判の申立てがなされなかったことについてやむを得ない事由があるときは，審判申立時において15歳に達している子についても，例外的に特別養子縁組を成立させることができるとしています（民法817条の5第2項）。

ウ　縁組成立時の上限年齢

　　民法817条の5第1項後段は，特別養子縁組が成立するまでに18歳に達した者については，養子となることができないとしています。この上限年齢の判断基準時は特別養子縁組成立の審判の確定時であり，縁組成立の審判がされた後で，その審判が確定するまでに養子となる者が18歳に達した場合には，その審判は確定せずに，家庭裁判所によって職権で取り消されることになるとされています（家事事件手続法164条13項。民事月報74巻9号36頁）。なお，民法817条の5第2項に規定する例外事例の場合にも，縁組成立時に18歳に達していれば，特別養子縁組を成立させることはできないとされています（前掲書）。

(2) 養子となる者の同意

　　養子となる者が15歳に達しているときには，特別養子縁組を成立させるためには，養子となる者の同意がなければならないとされています（民法817条の5第3項）。

(3) 父母の同意

　　特別養子縁組の成立には，原則として，養子となる者の父母の同意がなければならないとされています（民法817条の6本文）。ただし，父母がその意思を表示することができない場合又は父母による虐待，悪意の遺棄その他養子となる者の利益を著しく害する事由がある場合には，例外的に父母の同意を不要としています（民法817条の6ただし書）。

(4) 要保護要件

　　特別養子縁組は，父母による養子となる者の監護が著しく困難又は不適当であることその他特別の事情がある場合において，子の利益のため特に必要があると認めるときにこれを成立させることができるとされています（民法817条の7）。

　　例えば，監護が著しく困難である場合とは，父母の病気，貧困その他客観的な事情により，子の適切な監護ができない場合をいうとされます。また，不適当である場合とは，養子縁組の成立につき父母の同意を要しない場合，すなわち，民法817条の6ただし書に該当するような事由が存在するとき，又は親権喪失原因となる事情が父母双方に存在するような時をいうとされています（本山敦編著『逐条ガイド親族法』（日本加除出版，2020年）299頁）。

(5) 試験養育期間

　　家庭裁判所は，特別養子縁組を成立させるには，養親となる者が養子となる者を6か月以上の期間監護した状況を考慮しなければならないとしています（民法817条の8）。この試験養育期間は，主として養親となる者の親としての適格性，養子なる者と養親となる者の適合性を判断するためのものであるとされます（本山敦編著『逐条ガイド親族法』（日本加除出版，2020年）302頁）。

第3　特別養子縁組の成立の手続

　特別養子縁組は，普通養子縁組とは異なり，特別養子縁組が成立すると，養子と養子の実方との親族関係は終了し，離縁も例外的に認められるに過ぎないとされています（本山敦編著『逐条ガイド親族法』（日本加除出版，2020年）286頁）。このため，特別養子縁組は，養親となる者の請求に基づき，家庭裁判所による成立要件及び試験養育期間中の監護状況等に関する審理を経た上で，審判によって成立することとされています（前掲書）。

❶　特別養子縁組の成立の手続の見直し

　　特別養子改正法による改正前の法律の下では，特別養子縁組の成立の審判手続は，養親となる者の申立てによる1個の審判手続で成立させるというものでしたが，同手続の在り方については，養親となる者に重い心理的負担を負わせるものになっているとの指摘がされていたとのことです。すなわち，特別養子縁組は，実親による子の監護が著しく困難又は不適当であることその他特別の事情がある場合に成立させることができるものとされていますが（民法817条の7），この要件に該当するか否かは，家庭裁判所の終局審判において初めて明らかにされることになり，そのため，養親となる者による試験養育（同法817条の8）が順調に進んでいたとしても家庭裁判所が「特別の事情」の存在を否定して，縁組の成立を認めないという事態が起こり得るこ

とになるとされています。言い換えれば，実親による養育状況に問題あると認められるか分からないまま，試験養育をしなければならないということになるとの指摘です（民事月報74巻9号37頁）。また，特別養子縁組成立には，原則として実親の同意が必要とされていますが（同法817条の6本文），改正前の法律の下では，実親は一旦同意をしても，特別養子縁組の成立の審判が確定するまでその同意を撤回することができるものとされていましたので，養親となる者としては，実親による同意がされていてもそれがいつ撤回されるか分からないという不安を抱えたまま，養子となる者の試験養育をしなければならないとの問題点の指摘がされていたとのことです（民事月報74巻9号40頁）。

2　特別養子縁組の成立の審判手続（二段階手続の導入）

　特別養子改正法では，特別養子適格の確認の審判手続を新設するとともに（家事事件手続法164条の2），特別養子縁組を以下の二段階の審判で成立させることとしています。

(1) 第1段階の手続

　　特別養子適格の確認の審判手続においては，実親に関する要件，すなわち，「父母による養子となる者の監護が著しく困難又は不適当であることその他特別の事情がある場合」（民法817条の7）に該当するか，また，実親の同意の有無及び実親の同意がない場合に「父母がその意思を表示することができない場合又は父母による虐待，悪意の遺棄その他養子となる者の利益を著しく害する事由がある場合」に該当するか（民法817条の6），について審理し，それが認められる場合には特別養子適格の確認の審判がされます（家事事件手続法164条の2第1項）。

(2) 第2段階の手続

　　特別養子縁組の成立の審判手続においては，養子となる者は第1段階の審判を受けた者でなければならないこととされています。そして，第1段階の審判は，第2段階の審判事件の係属する裁判所を拘束することとされており，（家事事件手続法164条7項前段），しかも，第1段階の審判は，第2段階の審判をする時にされたものとみなすこととされています（同項後段）。このようにして，養子となる者について第1段階の審判が確定している場合には，第2段階の手続においては実親に関する要件が満たされていることとして，第2段階の手続では，養親に関する要件である養親の監護能力や養親子の適合性が審理・判断されることになるとされています（民事月報74巻9号39頁）。

3　児童相談所長の関与

(1) 児童相談所長の申立てによる特別養子適格の確認の審判事件

　　特別養子改正法により児童福祉法が改正されて，児童相談所長が第1段階の手続

（特別養子適格の確認）の申立てを家庭裁判所にすることができるとされました（児童福祉法33条の6の2第1項）。この児童相談所長の申立てによる特別養子適格の確認の審判は，特定の養親候補者を前提としておらず養親となることを希望する者一般が，上記審判の確定後に，同審判を前提とする第2段階の審判を求めることができることとしています（民事月報74巻9号39頁）。なお，養親となる者は，児童相談所長の申立てによる第1段階の審判が確定してから6か月以内に第2段階の手続の申立てをしなければならないとしています（家事事件手続法164条2項）。

(2) 児童相談所長の特別養子適格確認の審判事件の手続への参加

　児童相談所長は，養親となる者が申し立てた特別養子適格の確認の審判事件の手続に参加することができるとされています（児童福祉法33条の6の3第1項）。手続に参加する児童相談所長は，家事事件手続法42条7項に規定する利害関係人とみなすとされています（児童福祉法33条の6の3第2項）。

4 実親の同意の撤回制限

　特別養子縁組の成立には，養子となる者の父母の同意がなければならないとされています（民法817条の6本文）。しかし，この同意は，実親が，一旦同意しても，特別養子縁組の成立の審判が確定するまで，その同意を撤回することができるものとされています（民事月報74巻9号41頁。東京高決平成2・1・30家月42巻6号47頁）。しかしながら，このような取扱いについては，養親となる者が実親による同意がされても，それがいつ撤回されるか分からないという不安を抱えたまま，養子となる者の試験養育（民法817条の8）をしなければならないとの問題点が指摘されていたとのことです（前掲書40頁）。そこで特別養子改正法では，第1段階の手続において，実親が裁判所における審問の期日等でした同意については，同意をした日から2週間が経過した後は撤回することができないこととされました（家事事件手続法164条の2第5項，239条2項。前掲書41頁）。

第4 戸籍の処理

1 特別養子縁組の届出

　特別養子縁組は，養親となる者の請求に基づいて家庭裁判所の審判によって成立します（民法817条の2）。特別養子縁組の審判が確定したしたときは，審判を請求した者は，審判が確定した日から10日以内に審判の謄本を添付して，縁組の届出をしなければならないとされています（戸籍法68条の2，63条1項）。この届出は報告的届出です。

　　特別養子縁組を成立させる審判については，即時抗告をすることができるとされていますので（家事事件手続法164条14項1号），確定証明書の添付を要します。

② 戸籍の編製・記載

(1) 特別養子の戸籍の編製

ア　養子が養親と戸籍を異にしている場合

　　この場合には，特別養子縁組届出によって，まず特別養子について養親の氏で従前の本籍地（実親の本籍地）に単身の新戸籍を編製した上（戸籍法20条の3第1項，30条3項），直ちにその戸籍から養親の戸籍に養子を入籍させます（同法18条3項）。したがって，当該養子の単身の戸籍は同時に除籍となります（同法12条1項）。

イ　養子が養親の戸籍に在籍している場合

　　養子が既に養親の戸籍に在籍している場合，例えば，既に普通養子となっている者が養父母の特別養子となる場合には，当該在籍戸籍の末尾に養子を記載した上，従前養子が記載されていた戸籍の一部を消除するものとされています（戸籍法20条の3第2項，14条3項，戸籍法施行規則40条3項，1項，昭和62・10・1民二5000号通達）。

(2) 特別養子の戸籍の記載

ア　縁組事項

　　特別養子縁組の縁組事項は，養子の身分事項欄にのみ記載し，養父母の身分事項欄には記載することを要しないとされています（戸籍法施行規則35条3号の2）。

　　外国人を養子とした場合は，養親の身分事項欄に記載します（同号）。

イ　出生事項

　　特別養子縁組後の養子の出生事項は，従前の記載のとおり移記することとされています（昭和62・10・1民二5000号通達）。

ウ　父母欄及び続柄

　　養親の戸籍における特別養子の父母欄には，，養父母の氏名のみを記載し，父母との続柄欄には，養父母との続柄を，子の出生の前後に従い，「長男又は長女」，「二男又は二女」等嫡出子の例により記載します。

　　この場合，養親に特別養子以外の他の子があり，縁組によってその他の子の続柄が変更することになるときは，届書の「その他」欄にその旨を記載させた上，その他の子の続柄を更正します（前掲通達）。

第5　特別養子縁組届書の審査上の留意点

　特別養子縁組は，養親となる者の請求により，家庭裁判所が諸要件を審査した上，審判によって成立させます（民法817条の2）。特別養子縁組の審判が確定したときは，審判を請求した者（養父又は養母）は，審判の確定した日から10日以内に，審判の謄本を添付して縁組の届出をしなければならないとされています（戸籍法68条の2，63条1項）。特別養子縁組を成立させる審判については，即時抗告が認められていますので，それが確定しなければ効力を生じません。そこで，特別養子縁組の届出をする際には，審判が確定した旨の証明書（確定証明書）を添付する必要があります。

　なお，特別養子縁組の届出は，報告的届出ですので，審判を請求した者が養父母の双方であっても，養父又は養母のどちらか一方から縁組の届出をすれば足ります。届書には，一般的な記載事項（戸籍法29条）のほか，審判が確定した日を記載しなければなりません（同法68条の2，63条1項）。また，戸籍の記載事項となる養親との続柄は，嫡出子の場合と同様に，「長男」，「長女」のように記載します。

(1) 届書に審判確定の年月日が記載されているか。また，その年月日は，添付されている確定証明書に記載されている年月日とそごはないか

　市町村長は，特別養子縁組届を受理するに当たっては，当該届書に審判確定の年月日が記載されているか，また，その年月日が添付の確定証明書の記載と一致しているかを審査します。

(2) 届書に養父母との続柄の記載がされているか

　特別養子縁組後の養子の父母欄には，養父母の氏名のみを記載し，父母との続柄欄には養父母との続柄をその出生の前後に従い，「長男（女）」，「二男（女）」等嫡出子の例により記載することとされています（昭和62・10・1民二5000号通達）。この場合，養親に他の子があり，その子の続柄が特別養子縁組によって変更することになるときは，届書の「その他」欄にその旨を記載させ，その子の続柄を更正しなければならないとされていますので（前掲通達），本事案が該当するものであるかを確認して，この記載を遺漏していないかを審査する必要があります。

(3) 届書に届出義務者である養親の署名がされているか

　特別養子縁組届の届出義務者は，審判の申立てをした者，すなわち，養父と養母ですから，その届出人の署名の有無を審査します。

特別養子縁組届

夫婦が戸籍を異にする者を特別養子とする特別養子縁組届を養親の本籍地の市町村長にする事例

特別養子縁組届

令和 5 年 8 月 1 日届出

東京都府中市 長 殿

受理	令和 5 年 8 月 1 日	発送	令和 5 年 8 月 2 日
第	14286 号		東京都府中市 長印
送付	令和 年 月 日		
第	号		

書類調査	戸籍記載	記載調査	附 票	住民票	通 知

届出地の府中市で届書を受領した日を記入します。

送付を受けた八王子市で届書が送付されてきた日を記入します。

養 子 に な る 人

(1)	(よ み か た)	おつ はら 氏	あき お 名
	氏 名	乙原	秋男
	生 年 月 日	平成28 年 3 月 10 日	

(2)	住 所 (住民登録をしているところ)	東京都府中市〇〇3丁目10番地
		世帯主の氏名 甲野太郎

(3)	本 籍 (外国人のときは国籍だけを書いてください)	東京都八王子市〇〇町1丁目1 番地 番
		筆頭者の氏名 乙原正夫

(4)	父母の氏名 父母との続き柄	父 乙原正夫 母 洋子	続 き 柄 二 ☑男 □女 三

(5)	審判確定の年月日	令和5 年 7 月 25 日

(6)	養父母との続き柄	長 男	女

入籍する戸籍または新しい本籍	☑ (3)の本籍と同一の場所に新戸籍をつくった後下記養親の現在の戸籍に入る □ 養子の戸籍に変動がない □ 下記のとおり
	養親の戸籍 東京都府中市〇〇町3丁目3 番地 番 筆頭者の氏名 甲野太郎

特別養子縁組の審判が確定したときは、審判が確定した日から10日以内に縁組の届出を要します（戸籍法68条の2，63条1項）。

氏は，縁組前の氏を記入します。

届出時における実父母の氏名，実父母との続柄を記入します。

審判の確定した日を記入します。

特別養子と養父母の続柄を記入します。続柄は実子と同様に「長男，長女」と記載します。

養子が養親と戸籍を異にしている場合は，特別養子縁組の届出によって，まず特別養子について養親の氏で従前の本籍地に新戸籍を編製した上，直ちにその戸籍から養親の戸籍に養子を入籍させます（戸籍法20条の3第1項，18条3項，30条3項）。

鉛筆や消えやすいインキで書かないでください。

本籍地でない役場に出すときは、2通または3通出してください（役場が相当と認めたときは、1通で足りることもあります。）。また、そのさい戸籍謄本も必要です。

特別養子縁組についての家庭裁判所の審判書の謄本と確定証明書が必要です。

筆頭者の氏名欄には、戸籍のはじめに記載されている人の氏名を書いてください。

		養 親 に な る 人	
（よ み か た）		こう の たろう	こう の とみ こ
氏 名	養父 氏 名	甲野 太郎	養母 氏 名 甲野 富子
生 年 月 日		昭和61 年 6 月 15 日	昭和61 年 10 月 9 日
住 所 （住民登録をしているところ）		東京都府中市○○3丁目10番地	
	世帯主の氏名	甲野太郎	
本 籍 （外国人のときは国籍だけを書いてください）		東京都府中市○○3丁目3	番地番
	筆頭者の氏名	甲野太郎	
そ の 他		添付書類　審判書謄本及び確定証明書	
届 出 人 署 名 （※押印は任意）	養父	甲野太郎　　　　印	養母 甲野富子　　　　印

届出人は，審判の申立人である養父母です。

第9章 特別養子離縁届

第1 概説

　特別養子縁組は，子の利益のために特に必要があると認められるときに家庭裁判所の審判によって成立するものであり，実方との親族関係を断絶し，養親を唯一の親としてその間に実親子と同様の関係を発生させるものであるので（民法817条の2，817条9），普通養子縁組のような当事者の合意による離縁は認められず（同法817条の10第2項），厳格な要件の下に，家庭裁判所の審判によってのみ離縁が認められています（同条1項）。

第2 特別養子縁組の離縁の成立要件

(1) 実質的要件

　特別養子縁組の離縁は，①養親による虐待，悪意の遺棄その他特別養子の利益を著しく害する事由があり，かつ，②実父母が相当の監護をすることができる場合に限って，家庭裁判所は，特別養子の利益のために特に必要がある場合には，特別養子縁組の当事者を離縁させることができるとされています（民法817条の10第1項）。なお，②の要件が要求されているので特別養子が離縁ができるのは，養子が監護を必要とする年齢であることを要し，特別養子が成人してその監護の必要性が消滅したときは，離縁することができないとされています（裁判所職員総合研修所監修『親族法相続法講義案（七訂補訂版）』（司法協会，2015年）153頁。

(2) 形式的要件

　特別養子離縁は，養子，実父母又は検察官の請求により，家庭裁判所が審判によって成立させます（民法817条の10第1項）。この特別養子縁組の離縁の審判事件は，養親の住所地を管轄する家庭裁判所の管轄に属するとされています（家事事件手続法165条1項）。

　前述したように，この離縁を申し立てることができるのは，養子，実父母，検察官であって，養親からの離縁申立てはできません（家事事件手続法165条1項）。養子は，15歳未満の者であっても，意思能力がある限り，離縁の審判を申し立てることができるとされています。

第3　特別養子離縁の届出

　離縁の審判の確定によって離縁が成立したときは，その審判を請求した養子又は実父母は，審判が確定した日から10日以内に審判の謄本及び審判の確定証明書を添付してその旨を届け出なければならないとされています（戸籍法73条1項，63条1項）。審判を請求した者が届出期間内に届出をしないときは，その相手方である養父母も届出をすることができます（戸籍法73条1項，68条2項）。

　なお，特別養子離縁の届出は，報告的届出であるので，審判を請求した者が実父母の双方である場合であっても，実父又は実母のどちらか一方から離縁の届出をすれば足ります。

　また，離縁の審判を請求した15歳未満の養子から離縁の届出があった場合でも受理してさしつかえないとされています（戸籍法31条1項。民事法務協会編『新版実務戸籍法』（民事法務協会，2001年）165頁）。

1　特別養子離縁の効果

　離縁の審判が確定すると，特別養子と実父母及びその血族との間においては，離縁の日から特別養子縁組によって終了した親族関係と同一の親族関係が復活します（民法817条の11）。

　そのほか，特別養子離縁の確定により，特別養子と養親及びその血族との親族関係の終了（民法729条），離縁による復氏（同法816条），離縁の際の祭具の承継（同法817条），離縁後の婚姻障害（同法736条）等の普通養子縁組の離縁と同一の効果が生じます。また，離縁の際に称していた氏を続称すること（同法816条2項）も可能です。

2　戸籍の処理

(1)　離縁によって養子が復氏する場合

　基本的には普通養子の離縁があった場合の取扱いと同様に，特別養子縁組によって氏を改めた養子は，離縁によって縁組前の氏に復することになり（民法816条1項），復氏する養子は，同氏の実親の戸籍に復籍します。ただし，その戸籍が既に除かれている場合又は新戸籍編製の申出があった場合には，養子について新戸籍を編製します（戸籍法19条1項）。この場合において，養子の復籍する戸籍が特別養子縁組によって除籍された戸籍でないとき，又は養子について新戸籍を編製するときは，養子が特別養子縁組によって除籍された戸籍の養子の身分事項欄にも離縁事項を記載することとされています（昭和62・10・1民二5000号通達）。

(2)　離縁によって養子が復氏しない場合

　離縁をしても養子が復氏しない場合は，養子の身分事項欄に離縁事項を記載する

のみで，養子の戸籍に変動はありません（前掲通達）。

　離縁によって復氏しない場合としては，次のような例があります（木村三男・神崎輝明『全訂　戸籍届書の審査と受理』（日本加除出版，2019 年）339 頁）。

　①婚姻により氏を改めた実母の死亡又は離婚後，実父が自己の氏を称して再婚し，その後妻の特別養子となった場合において，養子の氏に変動がないまま離縁したとき。

　②配偶者の連れ子を入籍届により同籍させた後に特別養子とした場合において，養子の氏に変動がないまま離縁をしたとき。

③　審査上の留意事項

ア　届書に審判確定の年月日が記載されているか

　特別養子離縁は家庭裁判所の審判によって成立しますので，その届出に当たっては，当該審判の謄本及び確定証明書の添付を要し，届書には審判の確定した日を記載すべきものとされています（戸籍法 73 条 1 項，63 条 1 項）。そこで，届書に審判の確定した日が記載されているか，また，その日が添付の確定証明書に記載された日と相違がないかを審査する必要があります。

イ　届書の「縁組前の本籍」欄の記載がされているか

　特別養子となる直前に入籍していた戸籍を記入します。養子が離縁をした場合において，特別養子縁組によって除籍された戸籍に復籍しないときには，この戸籍にも特別養子縁組の離縁事項を記載し，特別養子であった者とその実父母及び血族との間の親族関係を回復したことを明らかにすることとされています（昭和62・10・1 民二 5000 号通達）。そのため，特別養子縁組の離縁届書には，特別養子縁組時に特別養子が在籍していた戸籍の本籍及び筆頭者の氏名を記載することとされています。審査にあたっては，その記載がされているか，その記載が正確であるかなどについて審査します。

特別養子離縁届

実父母の請求によって特別養子離縁の審判がされた特別養子離縁届を養親(特別養子)の本籍地の市町村長にする場合

特別養子離縁届

令和 5 年12月 1 日届出

東京都府中市 長 殿

受理	令和 5 年12月 1 日	発送	令和 5 年12月 3 日
第	18928 号		
送付	令和 5 年12月 4 日	東京都府中市 長 印	
第	20011 号		
書類調査	戸籍記載	記載調査	附 票	住民票	通 知

届出地の府中市で届書を受領した日を記入します。

届書を養子の離縁後の本籍地である八王子市へ送付するときに記入します。

送付を受けた八王子市で届書が送付されてきた日を記入します。

審判が確定した日から10日以内に届出することを要します。

	養 子	
(よみかた)	こう の 氏	あき お 名
氏 名	甲野	秋男
生 年 月 日	令和2 年 3 月 10 日	
住 所 (住民登録をしているところ)	東京都八王子市○○町1丁目1番1号	
	世帯主の氏名 乙原正夫	
本 籍 (外国人のときは国籍だけを書いてください)	東京都府中市○○3丁目3 番地	
	筆頭者の氏名 甲野太郎	
審 判 確 定 の 年 月 日	令和5 年 11 月 29 日	
縁 組 前 の 本 籍	東京都八王子市○○町1丁目1 番地	
	筆頭者の氏名 乙原正夫	
父 母 の 氏 名 父母との続き柄	父 乙原正夫 母 洋子	続 き 柄 ☑男 □女
離縁後の本籍	☑もとの戸籍にもどる □新しい戸籍をつくる □養子の戸籍に変動がない 東京都八王子市○○町1丁目1 番地 筆頭者の氏名 乙原正夫	

家庭裁判所の審判によってのみ離縁が認められています。離縁の審判は, これが確定した時に効力を生じます。

特別養子となる前の戸籍の表示を記入します。

実父母の氏名, 実父母との続柄を記入します。

離縁後に特別養子が入るべき戸籍を記入します。
特別養子は離縁によって原則として縁組前の氏に復し, 実親の戸籍に復籍します。

鉛筆や消えやすいインキで書かないでください。

本籍地でない役場に出すときは、2通または3通出してください（役場が相当と認めたときは、1通で足りることもあります。）。また、そのさい戸籍謄本も必要です。

特別養子離縁についての家庭裁判所の審判書の謄本と確定証明書が必要です。

筆頭者の氏名欄には、戸籍のはじめに記載されている人の氏名を書いてください。

		養	親
（よみかた）		こうの たろう	こうの とみこ
氏 名		養父 氏 甲野 名 太郎	養母 氏 甲野 名 富子
生 年 月 日		昭和61年 6月 15日	昭和61年 10月 9日
住 所 （住民登録をしているところ）		東京都府中市○○3丁目10番1号	
	世帯主の氏名	甲野太郎	
本 籍 （外国人のときは国籍だけを書いてください）		東京都府中市○○3丁目3 番地番	
	筆頭者の氏名	甲野太郎	

その他	添付書類　審判書謄本及び確定証明書

届出人	☑父　□母　□養子
住所	東京都八王子市○○町1丁目1番1号
本籍	東京都八王子市○○町1丁目1 番地番 　筆頭者の氏名 乙原正夫
署名 （※押印は任意）	乙原正夫　　　　　印　　昭和53年 8月 12日生

離縁の審判が確定して離縁が成立したときは，審判を請求した養子又は実父母は，審判が確定した日から10日以内に審判の謄本を添付して，その旨を届け出ることが必要です（戸籍法73条1項，63条1項）。

この場合には，届書に審判が確定した旨の証明書を添付することを要します。

第10章 死亡届

第1 概説

　人は，死亡によって権利能力が消滅します。その人について相続が開始し，その人を当事者とする婚姻が解消するなど，法律上重大な効果が発生します。このため，人の死亡については，戸籍にその旨を記載し，戸籍から死亡者を消除することによってこれを公証することとされています。その仕組みとして，戸籍法は，一定の者に対し，一定の期間内に死亡した旨の届出をすべき義務を負わせ，その届出に基づいて戸籍の記載をすることにしています（戸籍法86条1項，87条）。

　人が死亡した場合には，通常は死亡の届出によって戸籍の記載をしますが，死亡の届出を期待することが困難な特別の事情がある場合，例えば，水難，火災，その他の事変によって死亡した者がある場合には，その取調べをした官庁又は公署は，死亡地の市町村長に死亡の報告をしなければならないとされています（戸籍法89条）。また，死刑の執行があったときは，刑事施設の長は遅滞なく刑事施設所在地の市町村長に死亡の報告をしなければならないとされていますし，死亡者の本籍が明らかでない場合又は死亡者を認識することができない場合には，警察官は，検視調書を作り，これを添付して，遅滞なく死亡地の市町村長に死亡の報告をしなければならないとされています（同法92条1項）。そのほか，航海日誌を備える船舶の航海中に死亡があった場合には，船長は24時間以内に，航海日誌に，死亡届書に記載すべき事項を記載して署名をし，船舶が日本の港に着いたときには，遅滞なくその航海日誌の謄本をその地の市町村長に送付しなければならないとされています（同法93条，55条1項・2項）。また，病院・刑事施設・その他の公設所で死亡があった場合に，戸籍法87条に規定する届出義務者がないか又は届出ができないときは，公設所の長又は管理人が，死亡の届出をしなければならないとされています（同法93条，56条）。

第2 死亡の届出・届書の審査に必要な知識

1 届書の記載事項

　届書には，各届書に共通する記載事項（戸籍法29条）のほか，戸籍法86条2項，戸籍法施行規則58条に規定する次の事項を記載しなければならないとされています。

①死亡の年月日時分及び場所

死亡届については，死亡の年月日とともにその時分及び場所を届書に記載しなければならないとされています（戸籍法86条2項1号）。

②死亡者の男女の別（戸籍法施行規則58条1号）

③死亡者が外国人であるときは，その国籍（同条2号）

④死亡当時における配偶者の有無及び配偶者がないときは，未婚又は直前の婚姻について死別若しくは離別の別（同条3号）

⑤死亡当時の生存配偶者の年齢（同条4号）

⑥出生後30日以内に死亡したときは，出生の時刻（同条5号）

⑦死亡当時の世帯の主な仕事並びに国勢調査実施年の4月1日から翌年3月31日までに発生した死亡については，死亡者の職業及び産業（同条6号）

⑧死亡当時における世帯主の氏名（同条7号）

⑨その他

死亡診断書又は死体検案書を添付できないときは，届書にその事由を記載しなければならない（戸籍法86条3項）。

❷　届出期間

　死亡の届出は，届出義務者が，その死亡の事実を知った日から7日以内に，届け出なければなりません。ただし，国外で死亡があったときは，その事実を知った日から3か月以内に届け出なければならないとされています（戸籍法86条1項）。

❸　届出地

　死亡の届出は，届出事件の本人の本籍地又は届出人の所在地（戸籍法25条）のほか，死亡地においても，することができます（同法88条1項）。

　また，死亡地が明らかでないときは，死体が最初に発見された地で，汽車その他の交通機関の中で死亡があったときは死体をその交通機関から降ろした地で，航海日誌を備えない船舶の中で死亡があったときはその船舶が最初に入港した地で，それぞれ死亡の届出をすることができるとされています（戸籍法88条2項）。

　日本国外において死亡した日本国民については，戸籍法25条1項の規定に従い，死亡者の本籍地の市町村長に郵送によって届け出るか，届出人が日本国内に所在するときは，届出人の所在地の市町村長に届け出ることになります。また，戸籍法40条の規定により，その国に駐在する日本の大使，公使又は領事に届け出ることもできます。

④　届出人

(1)　届出義務者

次に掲げる者は，その順序に従って死亡の届出をしなければならないとされていますが，順序にかかわらず，先順位者がある場合でも後順位者が届出をすることは可能です（戸籍法 87 条 1 項）。ただし，届出期間が経過したことによる届出懈怠の責任を負うのは，先順位の届出義務者です（大正 3・12・28 民 1992 号回答九）。

①同居の親族
②その他の同居者
③家主，地主又は家屋若しくは土地の管理人

(2)　届出資格者

前述したように，同居の親族以外の親族には届出義務はありませんが，死亡の届出をすることができます（戸籍法 87 条 2 項）。そのほか，死亡の届出は，後見人，保佐人，補助人，任意後見人及び任意後見受任者も，これをすることができるとされています（同項）。

⑤　添付書類

死亡届書には，死亡診断書又は死体検案書を添付しなければならないとされています（戸籍法 86 条 2 項）。しかし，死亡の届出に際し，やむを得ない事由によって診断書又は検案書を得ることができない場合には，届書の「その他」欄にその旨を付記し，死亡の事実を証すべき書面を添付して診断書又は検案書に代えることが認められています。ただし，この場合は，死亡の事実の確認について慎重を期するため，事前に管轄局の指示を得た上で処理すべきとされています（昭和 23・12・1 民事甲 1998 号回答）。

第3　死亡の届出を期待することが困難な特別の事情がある場合

(1)　事変による死亡の報告

水難，火災，その他の事変によって死亡した者がある場合には，その取調べをした官庁又は公署は，死亡地の市町村長に死亡の報告をしなければならないとされています（戸籍法 89 条）。死亡報告書には，通常の死亡届書に記載すべき事項を記載しなければならないとされています（同法 91 条，86 条 2 項，29 条，戸籍法施行規則 58 条）。

(2) 刑死等の報告

　死刑の執行があったときは，刑事施設の長は，遅滞なく，刑事施設所在地の市町村長に死亡の報告をしなければなりません（戸籍法90条1項）。刑事施設に収容中に死亡した者について引取人がないときにも，その刑事施設の長は，所在地の市町村長に死亡の報告をしなければなりません（同条2項前段）。この場合には，報告書に診断書又は検案書を添付しなければならないとされています（同項後段）。

(3) 本籍不明者・認識不能者の死亡報告

　死亡者の本籍が明らかでない場合又は死亡者を認識することができない場合，すなわち，死亡者の身元が不明である場合には，警察官は，検視調書を作り，これを添付して，遅滞なく死亡地の市町村長に死亡の報告をしなければなりません（戸籍法92条1項）。

　警察官が死亡報告をした後に，死亡者の本籍が明らかになり，又は死亡者を認識することができるようになったときは，警察官は遅滞なくその旨を報告しなければなりません（戸籍法92条2項）。また，警察官の死亡報告後に，死亡者の同居の親族又はその他の同居者が，死亡者を認識したときには，その日から10日以内に死亡の届出をしなければならないとされています（同条3項）。

(4) 航海中・公設所における死亡

　航海日誌を備える船舶の航海中に死亡があった場合は，船長は24時間以内に，航海日誌に，死亡届書に記載すべき事項と同じ事項を記載して署名をし，船舶が日本の港に着いたときには，遅滞なくその航海日誌の謄本をその地の市町村長に送付しなければなりません（戸籍法93条，55条1項・2項）。船舶が外国の港に着いたときは，船長は，遅滞なくその国に駐在する日本の大使，公使又は領事に航海日誌の謄本を送付し，大使等は，これを外務大臣経由で，本籍地の市町村長に送付しなければならないとされています（戸籍法93条，55条3項）。

　病院，刑事施設，その他の公設所で死亡があった場合に，戸籍法87条に規定する届出義務者がないか又は届出ができないときは，公設所の長又は管理人が，死亡の届出をしなければならないとされています（戸籍法93条，56条）。

第4　死亡届書の審査上の留意点

　死亡は，自然人の権利能力の終期を意味するものであり，相続の開始原因となったり，婚姻関係も消滅するなど，身分や財産に関して重大な影響を及ぼします。そのようなことから，死亡届書の審査をするに当たっては，届書と添付された診断書又は検案書との記載を対照するなどして慎重な処理をしなければなりません。

　死亡届の審査に当たって留意しなければならない点を挙げれば次のとおりです。

(1) 届書が自庁に受付管轄があるか

　死亡の届出は，届出事件の本人の本籍地又は届出人の所在地（戸籍法25条）のほか，死亡地においても，することが認められています（同法88条1項）。市町村長は，届書の記載により自庁に受付管轄権があるかどうかを審査します。

(2) 死亡届書の記載と添付された死亡診断書又は死体検案書等の記載にそごはないか

　死亡診断書又は死体検案書は，死亡の事実を証明する資料として，死亡届書の重要な添付書類です。したがって，この両者の記載は原則として一致していなくてはなりません。そこで双方の記載を対照して，死亡者の氏名，性別，生年月日，死亡年月日時分，及び死亡の場所の記載について，両者の記載が一致しているか審査します。

(3) 届書に必要な記載がされているか

　人口動態調査票を作成する上で必要な記載である死亡当時における配偶者の有無，及びもし配偶者がないときは未婚，又は直前の婚姻について死別若しくは離別の別が記載されているか。配偶者がいる場合は，死亡当時の生存配偶者の年齢が記載されているかについて審査します。

(4) 診断書又は検案書の添付のない死亡届について，管轄法務局の受理指示を得ているか

　戸籍事務担当者は，死亡診断書（死体検案書等）の添付がされていない届書の提出があったときは，事前に，その受理の可否について管轄局の指示を得た上で受理することが必要です。

第5　戸籍の処理

　死亡届を受理したときは，事件本人の身分事項欄に死亡に関する事項を記載した上，戸籍から消除します。その者に配偶者があるときは，その配偶者の身分事項欄に夫（又は妻）死亡の旨を記載します。記載は，「令和年月日夫（又は妻）死亡」とします。また，その配偶者の配偶欄の記載を消除します。

死亡届

同居の親族から死亡診断書を添付して本籍地の市町村長に届出をする事例

死 亡 届

令和 5 年11月 3 日届出

東京都中野区 長 殿

受理	令和 5 年11月 3 日	発送 令和 年 月 日
第	18128 号	長印
送付	令和 年 月 日	
第	号	

書類調査	戸籍記載	記載調査	調査票	附票	住民票	通知

(1)	（よみかた）	こうの　　　　しろう		
(2)	氏　名	甲野　　　　四郎	☑男　□女	
(3)	生年月日	昭和 10 年 12 月 1 日（生まれてから30日以内に死亡したときは生まれた時刻も書いてください）	□午前 □午後 時 分	
(4)	死亡したとき	令和 5 年 11 月 2 日	☑午前 □午後 5 時 30 分	
(5)	死亡したところ	東京都八王子市○○町○丁目	○番地 ○番 ○号	
(6)	住　所（住民登録をしているところ）	東京都中野区○○2丁目2番2号		
		世帯主の氏名 甲野四郎		
(7)	本　籍（外国人のときは国籍だけを書いてください）	東京都中野区○○1丁目1	番地 番	
		筆頭者の氏名 甲野四郎		
(8)(9)	死亡した人の夫または妻	☑いる（満 85 歳） いない（□未婚 □死別 □離別）		
(10)	死亡したときの世帯のおもな仕事と	□1．農業だけまたは農業とその他の仕事を持っている世帯 □2．自由業・商工業・サービス業等を個人で経営している世帯 □3．企業・個人商店等（官公庁は除く）の常用勤労者世帯で勤め先の従業者数が1人から99人までの世帯（日々または1年未満の契約の雇用者は5） ☑4．3にあてはまらない常用勤労者世帯及び会社団体の役員の世帯（日々または1年未満の契約の雇用者は5） □5．1から4にあてはまらないその他の仕事をしている者のいる世帯 □6．仕事をしている者のいない世帯		
(11)	死亡した人の職業・産業	（国勢調査の年… 年…の4月1日から翌年3月31日までに死亡したときだけ書いてください） 職業 産業		
	その他			

記入の注意

鉛筆や消えやすいインキで書かないでください。
死亡したことを知った日からかぞえて7日以内に出してください。
死亡者の本籍地でない役場に出すときは、2通出してください（役場が相当と認めたときは、1通で足りることもあります）。2通の場合でも、死亡診断書は、原本1通と写し1通でさしつかえありません。

「筆頭者の氏名」には、戸籍のはじめに記載されている人の氏名を書いてください。

内縁のものはふくまれません。

□には、あてはまるものに☑のようにしるしをつけてください。

死亡者について書いてください。

届け出られた事項は、人口動態調査（統計法に基づく基幹統計調査、厚生労働省所管）、がん登録等の推進に関する法律に基づく全国がん登録（厚生労働省所管）にも用いられます。

届出人	☑1．同居の親族 □2．同居していない親族 □3．同居者 □4．家主 □5．地主 □6．家屋管理人 □7．土地管理人 □8．公設所の長 □9．後見人 □10．保佐人 □11．補助人 □12．任意後見人 □13．任意後見受任者
住所	東京都中野区○○2丁目2番2号
本籍	東京都中野区○○1丁目1 番地 番 筆頭者の氏名 甲野四郎
署名（※押印は任意）	甲野花子 印 昭和12年 2 月 9 日生
事件簿番号	

届出地の東京都中野区で届書を受領した日を記入します。

死亡の届出は，届出義務者が，死亡の事実を知った日から7日以内（国外で死亡があったときは，3か月以内）に届出をしなければなりません（戸籍法86条1項）。

死亡の届出は，届出事件の本人の本籍地又は届出人の所在地（戸籍法25条）のほか，死亡地においてもすることができます（戸籍法88条）。

届出事件本人の住所（住民登録をしているところ）を記載します。

届出事件本人（死亡した者）の戸籍の表示を記載します。

死亡当時における死亡者の配偶者の有無を記入します。

死亡診断書又は死亡検案書を添付することができないときは，死亡現認書等をもってこれに代えることができますが，この場合には，届書に診断書又は検案書を得ることができない事由を記載します（戸籍法86条3項）。

届出事件本人（死亡した者）の氏名，生年月日を記入します。

死亡届の届出義務者は，①死亡時において同居している親族，②その他の同居者，③家主，地主又は家屋若しくは土地の管理人であり，また，同居の親族以外の親族，後見人，保佐人，補助人，任意後見人及び任意後見受任者も届出資格が付与されて，死亡の届出をすることができるものとされています（戸籍法87条）。

死亡診断書（死体検案書）

この死亡診断書（死体検案書）は、我が国の死因統計作成の資料としても用いられます。楷書で、できるだけ詳しく書いてください。

氏　名	甲野四郎	①男 2女	生年月日	明治 大正 平成 令和 ⑩ 年 12 月 1 日 （生まれてから30日以内に死亡したときは生まれた時刻も書いてください）		午前・午後　時　分

死亡したとき	令和 5 年 11 月 2 日 （午前・午後 5 時 30 分

死亡したところ及びその種別	死亡したところの種別	①病院 2診療所 3介護医療院・介護老人保健施設 4助産所 5老人ホーム 6自宅 7その他
	死亡したところ	東京都八王子市○○町○丁目○　　　番　号
	（死亡したところの種別1～5）施設の名称	八王子○○病院　　　　　　　（　　　　　　　）

死亡の原因		（ア）直接死因	脳出血	発病（発症）又は受傷から死亡までの期間	○時間
◆I欄、II欄ともに疾患の終末期の状態としての心不全、呼吸不全等は書かないでください	I	（イ）（ア）の原因	動脈硬化症		○か月
		（ウ）（イ）の原因		◆年、月、日等の単位で書いてください ただし、1日未満の場合は、時、分等の単位で書いてください（例：1年3ヵ月、5時間20分）	
◆I欄では、最も死亡に影響を与えた傷病名を医学的因果関係の順番で書いてください		（エ）（ウ）の原因			
◆I欄の傷病名の記載は各欄一つにしてください	II	直接には死因に関係しないがI欄の傷病経過に影響を及ぼした傷病名等			
ただし、欄が不足する場合は（エ）欄に残りを医学的因果関係の順番で書いてください	手術	1無 2有	部位及び主要所見	手術年月日	令和 平成 昭和 年 月 日
	解剖	1無 2有	主要所見		

傷病名等は、日本語で書いてください。
I欄では、各傷病について発病の型（例：急性）、病因（例：病原体名）、部位（例：胃噴門部がん）、性状（例：病理組織型）等もできるだけ書いてください。

妊娠中の死亡の場合は「妊娠満何週」、また、分娩中の死亡の場合は「妊娠満何週の分娩中」と書いてください。産後42日未満の死亡の場合は「妊娠満何週産後満何日」と書いてください。

I欄及びII欄に関係した手術について、術式又はその診断名と関連のある所見等を書いてください。紹介状や検査結果による情報についてもカッコを付して書いてください。

死因の種類	①病死及び自然死 外因死 { 不慮の外因死 { 2交通事故 3転倒・転落 4溺水 5煙、火災及び火焔による傷害 6窒息 7中毒 8その他 } その他及び不詳の外因死 { 9自殺 10他殺 11その他及び不詳の外因 } } 12不詳の死

外因死の追加事項	傷害が発生したとき	令和・平成・昭和 年 月 日 午前・午後 時 分	傷害が発生したところ	都道府県 市区 郡町村
	傷害が発生したところの種別	1住居 2工場及び建築現場 3道路 4その他（ ）		
◆伝聞又は推定情報の場合でも書いてください	手段及び状況			

生後1年未満で病死した場合の追加事項	出生時体重	グラム	単胎・多胎の別 1単胎 2多胎（ 子中第 子）	妊娠週数 満 週
	妊娠・分娩時における母体の病態又は異状 1無 2有 [ ] 3不詳		母の生年月日 昭和 平成 年 月 日 令和	前回までの妊娠の結果 出生児 人 死産児 胎 （妊娠満22週以後に限る）

その他特に付言すべきことがら	

上記のとおり診断（検案）する	診断（検案）年月日 令和 5 年 11 月 2 日
（病院、診療所、介護医療院若しくは介護老人保健施設等の名称及び所在地又は医師の住所）	本診断書（検案書）発行年月日 令和 年 月 日
	東京都八王子市○○町○丁目 ○番 ○号 八王子○○病院
（氏名） 医師	乙原健二

参 考 資 料

民法の一部を改正する法律

（平成30年6月20日法律第59号）　新旧対照条文（抄）

（傍線部分は改正部分）

○民法

新	旧
（成年） 第4条　年齢18歳をもって、成年とする。	（成年） 第4条　年齢20歳をもって、成年とする。
（婚姻適齢） 第731条　婚姻は、18歳にならなければ、することができない。	（婚姻適齢） 第731条　男は、18歳に、女は、16歳にならなければ、婚姻をすることができない。
第737条　削除	（未成年者の婚姻についての父母の同意） 第737条　未成年の子が婚姻をするには、父母の同意を得なければならない。 2　父母の一方が同意しないときは、他の一方の同意だけで足りる。父母の一方が知れないとき、死亡したとき、又はその意思を表示することができないときも、同様とする。
（婚姻の届出の受理） 第740条　婚姻の届出は、その婚姻が第731条から第736条まで及び前条第2項の規定その他の法令の規定に違反しないことを認めた後でなければ、受理することができない。	（婚姻の届出の受理） 第740条　婚姻の届出は、その婚姻が第731条から第737条まで及び前条第2項の規定その他の法令の規定に違反しないことを認めた後でなければ、受理することができない。
第753条　削除	（婚姻による成年擬制） 第753条　未成年者が婚姻をしたときは、これによって成年に達したものとみなす。
（養親となる者の年齢） 第792条　20歳に達した者は、養子をすることができる。	（養親となる者の年齢） 第792条　成年に達した者は、養子をすることができる。
（養親が20歳未満の者である場合の縁組の取消し） 第804条　第792条の規定に違反した縁組は、養親又はその法定代理人から、その取消しを家庭裁判所に請求することができる。ただし、養親が、20歳に達した後6箇月を経過し、又は追認をしたときは、この限りでない。	（養親が未成年者である場合の縁組の取消し） 第804条　第792条の規定に違反した縁組は、養親又はその法定代理人から、その取消しを家庭裁判所に請求することができる。ただし、養親が、成年に達した後6箇月を経過し、又は追認をしたときは、この限りでない。

民法等の一部を改正する法律

（令和元年6月14日法律第34号）　新旧対照条文（抄）

（傍線部分は改正部分）

○民法

新	旧
（養子となる者の年齢） 第817条の5　第817条の2に規定する請求の時に15歳に達している者は、養子となることができない。特別養子縁組が成立するまでに18歳に達した者についても、同様とする。 2　前項前段の規定は、養子となる者が15歳に達する前から引き続き養親となる者に監護されている場合において、15歳に達するまでに第817条の2に規定する請求がされなかったことについてやむを得ない事由があるときは、適用しない。 3　養子となる者が15歳に達している場合においては、特別養子縁組の成立には、その者の同意がなければならない。	（養子となる者の年齢） 第817条の5　第817条の2に規定する請求の時に6歳に達している者は、養子となることができない。ただし、その者が8歳未満であって6歳に達する前から引き続き養親となる者に監護されている場合は、この限りでない。

民法等の一部を改正する法律

（令和4年12月16日法律第102号）　新旧対照条文（抄）

<u>（傍線部分</u>は改正部分）

○民法

新	旧
第733条　削除	<u>（再婚禁止期間）</u> 第733条　<u>女は、前婚の解消又は取消しの日から起算して100日を経過した後でなければ、再婚をすることができない。</u> <u>2　前項の規定は、次に掲げる場合には、適用しない。</u> <u>一　女が前婚の解消又は取消しの時に懐胎していなかった場合</u> <u>二　女が前婚の解消又は取消しの後に出産した場合</u>
（婚姻の届出の受理） 第740条　婚姻の届出は、その婚姻が第731条、<u>第732条、第734条から第736条まで</u>及び前条第2項の規定その他の法令の規定に違反しないことを認めた後でなければ、受理することができない。	（婚姻の届出の受理） 第740条　婚姻の届出は、その婚姻が第731条から第736条まで及び前条第2項の規定その他の法令の規定に違反しないことを認めた後でなければ、受理することができない。
（婚姻の取消し） 第743条　婚姻は、次条、<u>第745条及び第747条</u>の規定によらなければ、取り消すことができない。	（婚姻の取消し） 第743条　婚姻は、次条から<u>第747条</u>までの規定によらなければ、取り消すことができない。
（不適法な婚姻の取消し） 第744条　第731条、<u>第732条及び第734条から</u>第736条までの規定に違反した婚姻は、各当事者、その親族又は検察官から、その取消しを家庭裁判所に請求することができる。ただし、検察官は、当事者の一方が死亡した後は、これを請求することができない。 2　第732条の規定に違反した婚姻については、<u>前婚の配偶者</u>も、その取消しを請求することができる。	（不適法な婚姻の取消し） 第744条　第731条から第736条までの規定に違反した婚姻は、各当事者、その親族又は検察官から、その取消しを家庭裁判所に請求することができる。ただし、検察官は、当事者の一方が死亡した後は、これを請求することができない。 2　第732条又は<u>第733条</u>の規定に違反した婚姻については、<u>当事者の配偶者又は前配偶者</u>も、その取消しを請求することができる。
第746条　削除	<u>（再婚禁止期間内にした婚姻の取消し）</u> 第746条　<u>第733条の規定に違反した婚姻は、前婚の解消若しくは取消しの日から起算して100日を経過し、又は女が再婚後に出産したときは、その取消しを請求することができない。</u>
（嫡出の推定） 第772条　妻が婚姻中に懐胎した子は、<u>当該婚姻における</u>夫の子と推定する。<u>女が婚姻前に懐胎した子であっ</u>	（嫡出の推定） 第772条　妻が婚姻中に懐胎した子は、夫の子と推定する。

て、婚姻が成立した後に生まれたものも、同様とする。	
2　前項の場合において、婚姻の成立の日から200日以内に生まれた子は、婚姻前に懐胎したものと推定し、婚姻の成立の日から200日を経過した後又は婚姻の解消若しくは取消しの日から300日以内に生まれた子は、婚姻中に懐胎したものと推定する。	2　婚姻の成立の日から200日を経過した後又は婚姻の解消若しくは取消しの日から300日以内に生まれた子は、婚姻中に懐胎したものと推定する。
3　第1項の場合において、女が子を懐胎した時から子の出生の時までの間に2以上の婚姻をしていたときは、その子は、その出生の直近の婚姻における夫の子と推定する。	（新設）
4　前三項の規定により父が定められた子について、第774条の規定によりその父の嫡出であることが否認された場合における前項の規定の適用については、同項中「直近の婚姻」とあるのは、「直近の婚姻（第774条の規定により子がその嫡出であることが否認された夫との間の婚姻を除く。）」とする。	（新設）
（父を定めることを目的とする訴え）	（父を定めることを目的とする訴え）
第773条　第732条の規定に違反して婚姻をした女が出産した場合において、前条の規定によりその子の父を定めることができないときは、裁判所が、これを定める。	第773条　第733条第1項の規定に違反して再婚をした女が出産した場合において、前条の規定によりその子の父を定めることができないときは、裁判所が、これを定める。
（嫡出の否認）	（嫡出の否認）
第774条　第772条の規定により子の父が定められる場合において、父又は子は、子が嫡出であることを否認することができる。	第774条　第772条の場合において、夫は、子が嫡出であることを否認することができる。
2　前項の規定による子の否認権は、親権を行う母、親権を行う養親又は未成年後見人が、子のために行使することができる。	（新設）
3　第1項に規定する場合において、母は、子が嫡出であることを否認することができる。ただし、その否認権の行使が子の利益を害することが明らかなときは、この限りでない。	（新設）
4　第772条第3項の規定により子の父が定められる場合において、子の懐胎の時から出生の時までの間に母と婚姻していた者であって、子の父以外のもの（以下「前夫」という。）は、子が嫡出であることを否認することができる。ただし、その否認権の行使が子の利益を害することが明らかなときは、この限りでない。	（新設）
5　前項の規定による否認権を行使し、第772条第4項の規定により読み替えられた同条第3項の規定により新たに子の父と定められた者は、第1項の規定にかかわらず、子が自らの嫡出であることを否認することができない。	（新設）

（嫡出否認の訴え）	（嫡出否認の訴え）
第775条　次の各号に掲げる否認権は、それぞれ当該各号に定める者に対する嫡出否認の訴えによって行う。	第775条　前条の規定による否認権は、子又は親権を行う母に対する嫡出否認の訴えによって行う。親権を行う母がないときは、家庭裁判所は、特別代理人を選任しなければならない。
一　父の否認権　子又は親権を行う母	
二　子の否認権　父	
三　母の否認権　父	
四　前夫の否認権　父及び子又は親権を行う母	
2　前項第1号又は第4号に掲げる否認権を親権を行う母に対し行使しようとする場合において、親権を行う母がないときは、家庭裁判所は、特別代理人を選任しなければならない。	（新設）
（嫡出の承認）	（嫡出の承認）
第776条　父又は母は、子の出生後において、その嫡出であることを承認したときは、それぞれその否認権を失う。	第776条　夫は、子の出生後において、その嫡出であることを承認したときは、その否認権を失う。
（嫡出否認の訴えの出訴期間）	（嫡出否認の訴えの出訴期間）
第777条　次の各号に掲げる否認権の行使に係る嫡出否認の訴えは、それぞれ当該各号に定める時から3年以内に提起しなければならない。	第777条　嫡出否認の訴えは、夫が子の出生を知った時から1年以内に提起しなければならない。
一　父の否認権　父が子の出生を知った時	
二　子の否認権　その出生の時	
三　母の否認権　子の出生の時	
四　前夫の否認権　前夫が子の出生を知った時	
第778条　第772条第3項の規定により父が定められた子について第774条の規定により嫡出であることが否認されたときは、次の各号に掲げる否認権の行使に係る嫡出否認の訴えは、前条の規定にかかわらず、それぞれ当該各号に定める時から1年以内に提起しなければならない。	第778条　夫が成年被後見人であるときは、前条の期間は、後見開始の審判の取消しがあった後夫が子の出生を知った時から起算する。
一　第772条第4項の規定により読み替えられた同条第3項の規定により新たに子の父と定められた者の否認権　新たに子の父と定められた者が当該子に係る嫡出否認の裁判が確定したことを知った時	
二　子の否認権　子が前号の裁判が確定したことを知った時	
三　母の否認権　母が第1号の裁判が確定したことを知った時	
四　前夫の否認権　前夫が第1号の裁判が確定したことを知った時	
第778条の2　第777条（第2号に係る部分に限る。）又は前条（第2号に係る部分に限る。）の期間の満了	（新設）

前 6 箇月以内の間に親権を行う母、親権を行う養親及
び未成年後見人がないときは、子は、母若しくは養親
の親権停止の期間が満了し、親権喪失若しくは親権停
止の審判の取消しの審判が確定し、若しくは親権が回
復された時、新たに養子縁組が成立した時又は未成年
後見人が就職した時から 6 箇月を経過するまでの間
は、嫡出否認の訴えを提起することができる。

2　子は、その父と継続して同居した期間（当該期間が　　　（新設）
2 以上あるときは、そのうち最も長い期間）が 3 年を
下回るときは、第 777 条（第 2 号に係る部分に限る。）
及び前条（第 2 号に係る部分に限る。）の規定にかか
わらず、21 歳に達するまでの間、嫡出否認の訴えを
提起することができる。ただし、子の否認権の行使が
父による養育の状況に照らして父の利益を著しく害す
るときは、この限りでない。

3　第 774 条第 2 項の規定は、前項の場合には、適用し　　　（新設）
ない。

4　第 777 条（第 4 号に係る部分に限る。）及び前条（第　　　（新設）
4 号に係る部分に限る。）に掲げる否認権の行使に係
る嫡出否認の訴えは、子が成年に達した後は、提起す
ることができない。

（子の監護に要した費用の償還の制限）

第 778 条の 3　第 774 条の規定により嫡出であることが　　　（新設）
否認された場合であっても、子は、父であった者が支
出した子の監護に要した費用を償還する義務を負わな
い。

（相続の開始後に新たに子と推定された者の価額の支
払請求権）

第 778 条の 4　相続の開始後、第 774 条の規定により否　　　（新設）
認権が行使され、第 772 条第 4 項の規定により読み替
えられた同条第 3 項の規定により新たに被相続人がそ
の父と定められた者が相続人として遺産の分割を請求
しようとする場合において、他の共同相続人が既にそ
の分割その他の処分をしていたときは、当該相続人の
遺産分割の請求は、価額のみによる支払の請求により
行うものとする。

（胎児又は死亡した子の認知）　　　　　　　　　　（胎児又は死亡した子の認知）

第 783 条　（略）　　　　　　　　　　　　　　　第 783 条　（略）

2　前項の子が出生した場合において、第 772 条の規定　　　（新設）
によりその子の父が定められるときは、同項の規定に
よる認知は、その効力を生じない。

3　（略）　　　　　　　　　　　　　　　　　　　2　（略）

（認知の無効の訴え）

第786条　次の各号に掲げる者は、それぞれ当該各号に定める時（第783条第1項の規定による認知がされた場合にあっては、子の出生の時）から7年以内に限り、認知について反対の事実があることを理由として、認知の無効の訴えを提起することができる。ただし、第3号に掲げる者について、その認知の無効の主張が子の利益を害することが明らかなときは、この限りでない。

　一　子又はその法定代理人　子又はその法定代理人が認知を知った時

　二　認知をした者　認知の時

　三　子の母　子の母が認知を知った時

2　子は、その子を認知した者と認知後に継続して同居した期間（当該期間が2以上あるときは、そのうち最も長い期間）が3年を下回るときは、前項（第1号に係る部分に限る。）の規定にかかわらず、21歳に達するまでの間、認知の無効の訴えを提起することができる。ただし、子による認知の無効の主張が認知をした者による養育の状況に照らして認知をした者の利益を著しく害するときは、この限りでない。

3　前項の規定は、同項に規定する子の法定代理人が第1項の認知の無効の訴えを提起する場合には、適用しない。

4　第1項及び第2項の規定により認知が無効とされた場合であっても、子は、認知をした者が支出した子の監護に要した費用を償還する義務を負わない。

（子の人格の尊重等）

第821条　親権を行う者は、前条の規定による監護及び教育をするに当たっては、子の人格を尊重するとともに、その年齢及び発達の程度に配慮しなければならず、かつ、体罰その他の子の心身の健全な発達に有害な影響を及ぼす言動をしてはならない。

（居所の指定）

第822条　（略）

（削る）

（認知に対する反対の事実の主張）

第786条　子その他の利害関係人は、認知に対して反対の事実を主張することができる。

（新設）

（新設）

（新設）

（新設）

（新設）

（居所の指定）

第821条　（略）

（懲戒）

第822条　親権を行う者は、第820条の規定による監護及び教育に必要な範囲内でその子を懲戒することができる。

行政手続における特定の個人を識別するための番号の利用等に関する法律等の一部を改正する法律
（令和5年6月9日法律第48号）　新旧対照条文（抄）

（傍線部分は改正部分）

○戸籍法

新	旧
〔戸籍の記載事項〕	〔戸籍の記載事項〕
第13条　戸籍には、本籍<u>のほか</u>、戸籍内の各人について、<u>次に掲げる</u>事項を記載しなければならない。	第13条　戸籍には、本籍<u>の外</u>、戸籍内の各人について、<u>左の</u>事項を記載しなければならない。
一　氏名	一　氏名
<u>二　氏名の振り仮名（氏に用いられる文字の読み方を示す文字（以下「氏の振り仮名」という。）及び名に用いられる文字の読み方を示す文字（以下「名の振り仮名」という。）をいう。以下同じ。）</u>	二　出生の年月日
三　出生の年月日	三　戸籍に入つた原因及び年月日
四　戸籍に入つた原因及び年月日	四　実父母の氏名及び実父母との続柄
五　実父母の氏名及び実父母との続柄	五　養子であるときは、養親の氏名及び養親との続柄
六　養子であるときは、養親の氏名及び養親との続柄	六　夫婦については、夫又は妻である旨
七　夫婦については、夫又は妻である旨	七　他の戸籍から入つた者については、その戸籍の表示
八　他の戸籍から入つた者については、その戸籍の表示	八　その他法務省令で定める事項
九　その他法務省令で定める事項	
<u>2　前項第2号の読み方は、氏名として用いられる文字の読み方として一般に認められているものでなければならない。</u>	
<u>3　氏名の振り仮名に用いることができる仮名及び記号の範囲は、法務省令で定める。</u>	
〔届書の記載事項〕	〔届書の記載事項〕
第29条　届書には、<u>次に掲げる</u>事項を記載し、届出人が、これに署名しなければならない。	第29条　届書には、<u>次の</u>事項を記載し、届出人が、これに署名しなければならない。
一　届出事件	一　届出事件
二　届出の年月日	二　届出の年月日
三　届出人の出生の年月日、住所及び戸籍の表示	三　届出人の出生の年月日、住所及び戸籍の表示
<u>四　届出事件の本人の氏名及び氏名の振り仮名</u>	四　届出人と届出事件の<u>本人と</u>異なるときは、届出事件の<u>本人の氏名</u>、出生の年月日、住所、<u>戸籍</u>の表示<u>及び</u>届出人の資格
五　届出人と届出事件の<u>本人と</u>が異なるときは、届出事件の<u>本人</u>の出生の年月日、住所<u>及び戸籍の表示並びに</u>届出人の資格	
〔棄児が発見されたとき〕	〔棄児が発見されたとき〕
第57条　棄児を発見した者又は棄児発見の申告を受けた警察官は、24時間以内にその旨を市町村長に申し出なければならない。	第57条　棄児を発見した者又は棄児発見の申告を受けた警察官は、24時間以内にその旨を市町村長に申し出なければならない。
2　前項の申出があつたときは、市町村長は、氏名<u>及び氏名の振り仮名</u>を付け、本籍を定め、<u>かつ</u>、附属品、	2　前項の申出があつたときは、市町村長は、氏名<u>をつけ</u>、本籍を定め、<u>且つ</u>、附属品、発見の場所、年月日

発見の場所、年月日時その他の状況並びに氏名、氏名の振り仮名、男女の別、出生の推定年月日及び本籍を調書に記載しなければならない。その調書は、これを届書とみなす。

〔氏の変更〕

第107条　やむを得ない事由によつて氏を変更しようとするときは、戸籍の筆頭に記載した者及びその配偶者は、氏及び氏の振り仮名を変更することについて家庭裁判所の許可を得て、その許可を得た氏及び氏の振り仮名を届け出なければならない。

2　外国人と婚姻をした者がその氏を配偶者の称している氏に変更しようとするときは、その者は、その婚姻の日から6箇月以内に限り、家庭裁判所の許可を得ないで、その旨及び変更しようとする氏の振り仮名を届け出ることができる。

3　前項の規定によつて氏を変更した者が離婚、婚姻の取消し又は配偶者の死亡の日以後にその氏を変更の際に称していた氏に変更しようとするときは、その者は、その日から3箇月以内に限り、家庭裁判所の許可を得ないで、その旨を届け出ることができる。

4　第1項の規定は、父又は母が外国人である者（戸籍の筆頭に記載した者又はその配偶者を除く。）でその氏をその父又は母の称している氏に変更しようとするものに準用する。

〔名の変更〕

第107条の2　正当な事由によつて名を変更しようとする者は、名及び名の振り仮名を変更することについて家庭裁判所の許可を得て、その許可を得た名及び名の振り仮名を届け出なければならない。

第15節の2　氏名の振り仮名の変更

第107条の3　やむを得ない事由によつて氏の振り仮名を変更しようとするときは、戸籍の筆頭に記載した者及びその配偶者は、家庭裁判所の許可を得て、その旨を届け出なければならない。

第107条の4　正当な事由によつて名の振り仮名を変更しようとする者は、家庭裁判所の許可を得て、その旨を届け出なければならない。

〔就籍の届出〕

第110条　本籍を有しない者は、家庭裁判所の許可を得て、許可の日から10日以内に就籍の届出をしなければならない。

時その他の状況並びに氏名、男女の別、出生の推定年月日及び本籍を調書に記載しなければならない。その調書は、これを届書とみなす。

〔氏の変更〕

第107条　やむを得ない事由によつて氏を変更しようとするときは、戸籍の筆頭に記載した者及びその配偶者は、家庭裁判所の許可を得て、その旨を届け出なければならない。

2　外国人と婚姻をした者がその氏を配偶者の称している氏に変更しようとするときは、その者は、その婚姻の日から6箇月以内に限り、家庭裁判所の許可を得ないで、その旨を届け出ることができる。

3　前項の規定によつて氏を変更した者が離婚、婚姻の取消し又は配偶者の死亡の日以後にその氏を変更の際に称していた氏に変更しようとするときは、その者は、その日から3箇月以内に限り、家庭裁判所の許可を得ないで、その旨を届け出ることができる。

4　第1項の規定は、父又は母が外国人である者（戸籍の筆頭に記載した者又はその配偶者を除く。）でその氏をその父又は母の称している氏に変更しようとするものに準用する。

〔名の変更〕

第107条の2　正当な事由によつて名を変更しようとする者は、家庭裁判所の許可を得て、その旨を届け出なければならない。

（新設）

（新設）

〔就籍の届出〕

第110条　本籍を有しない者は、家庭裁判所の許可を得て、許可の日から10日以内に就籍の届出をしなければならない。

2　届書には、<u>第13条第1項</u>に掲げる事項<u>のほか</u>、就籍許可の年月日を記載しなければならない。	2　届書には、<u>第13条</u>に掲げる事項<u>の外</u>、就籍許可の年月日を記載しなければならない。

先 例 ・ 判 例 索 引

○判例索引

著 者 略 歴

吉岡誠一（よしおか　せいいち）

元東京法務局民事行政部第一法人登記部門首席登記官
元富山地方法務局長

戸籍事務初任者のための
戸籍届書の審査の手引き
出生・認知・婚姻・離婚・縁組・離縁・死亡の届書

2023 年 10 月 27 日　初版発行

著　者　吉　岡　誠　一
発行者　和　田　　　裕

発行所　日本加除出版株式会社
本　　社　〒 171 - 8516
　　　　　東京都豊島区南長崎 3 丁目 16 番 6 号

組版・印刷　㈱精興社　／　製本　牧製本印刷㈱

定価はカバー等に表示してあります。
落丁本・乱丁本は当社にてお取替えいたします。
お問合せの他、ご意見・感想等がございましたら、下記まで
お知らせください。

〒 171 - 8516
東京都豊島区南長崎 3 丁目 16 番 6 号
日本加除出版株式会社　営業企画課
電話　　03-3953-5642
FAX　　03-3953-2061
e-mail　toiawase@kajo.co.jp
URL　　www.kajo.co.jp

© S. Yoshioka 2023
Printed in Japan
ISBN978-4-8178-4915-1

新しい相続制度の解説
改正相続法の解説と相続制度のあらまし

小池信行 監修　吉岡誠一 著

2019年10月刊 A5判 216頁 定価2,420円(本体2,200円) 978-4-8178-4595-5

商品番号：40791
略　　号：新相制

● これまでの相続制度の概要だけでなく、改正事項が相続制度全体の体系の中でどの部分に位置するのか、その改正がなぜ必要であったかまでを正確に理解することができる一冊。特に、法務局の遺言書保管制度については、法務局（審査側）目線での解説がなされた貴重な書。

国籍の得喪と戸籍実務の手引き
取得（出生・届出・帰化）／選択／喪失

小池信行 監修　吉岡誠一 著

2018年6月刊 A5判 268頁 定価2,640円(本体2,400円) 978-4-8178-4488-0

商品番号：40722
略　　号：得喪

● 国籍法の仕組み全体を網羅し、関係する戸籍事務にも及ぶ体系書。
● 帰化による国籍取得について、申請手続、提出する書類の記載例などを掲載し、詳解。初任者にもわかりやすいよう、難解な国籍法を丁寧に解説。重要な判例・先例を可能な限り引用。

新戸籍実務の基本講座

小池信行 監修　吉岡誠一 著

● 基本から応用までを一読で理解できる。
● 項目ごとにまとめたポイントで、重要事項がすぐに理解できる。
● 各届出に必要な要件を明示するとともに、届書及び戸籍記載例を収録。

Ⅰ　総論・通則 編
　　2008年8月刊 A5判 280頁 定価2,860円(本体2,600円) 978-4-8178-3797-4 商品番号：49072 略号：戸講1

Ⅱ　各論・届出 編(1)
　　2008年11月刊 A5判 288頁 定価2,860円(本体2,600円) 978-4-8178-3803-2 商品番号：49073 略号：戸講2

Ⅲ　各論・届出 編(2)
　　2009年10月刊 A5判 296頁 定価2,970円(本体2,700円) 978-4-8178-3842-1 商品番号：49074 略号：戸講3

Ⅳ　渉外戸籍 編(1)　総論・届出通則・出生・認知
　　2013年2月刊 A5判 220頁 定価2,200円(本体2,000円) 978-4-8178-4062-2 商品番号：49075 略号：戸講4

Ⅴ　渉外戸籍 編(2)　婚姻・離婚・縁組・離縁・親権・未成年後見・死亡・失踪
　　2013年4月刊 A5判 304頁 定価2,970円(本体2,700円) 978-4-8178-4079-0 商品番号：49076 略号：戸講5

日本加除出版

〒171-8516　東京都豊島区南長崎3丁目16番6号
営業部　TEL（03）3953-5642　FAX（03）3953-2061
www.kajo.co.jp